U0807740

洛阳龙门唐安菩夫妇墓

洛阳市文物考古研究院◎编著

程永建 周立◎主编

贾中宝 高虎 程召辉 邢建洛◎副主编

科学出版社

北京

内容简介

1981年春洛阳市龙门东山发现的唐景龙三年（709年）定远大将军安菩及夫人合葬墓，是洛阳地区唐代考古的重要收获之一。安菩墓中出土包括三彩釉陶器、瓷器、钱币以及石刻等随葬品129件，特别是三彩器数量多、质量高、种类齐。墓中出土的东罗马金币，则是洛阳地区唐代考古的唯一发现。安菩墓志为我们提供了墓主安菩的国属、家世及其身世等情况。

唐安菩夫妇墓的发现，是研究唐代中西文化交流、洛阳与丝绸之路及唐三彩制作工艺等方面的重要资料。

本书适合于考古学、历史学及相关学科的研究者、爱好者参考、使用。

图书在版编目（CIP）数据

洛阳龙门唐安菩夫妇墓 / 程永建，周立主编；洛阳市文物考古研究院编著. —北京：科学出版社，2017.9

ISBN 978-7-03-054561-9

Ⅰ.①洛… Ⅱ.①程… ②周… ③洛… Ⅲ.①唐墓－发掘报告－洛阳 Ⅳ.①K878.85

中国版本图书馆CIP数据核字（2017）第230967号

责任编辑：张亚娜　柴丽丽／责任校对：邹慧卿
责任印制：肖　兴／书籍设计：北京美光设计制版有限公司

科学出版社 出版
北京东黄城根北街16号
邮政编码：100717
http://www.sciencep.com

文物出版社印刷厂 印刷

科学出版社发行　各地新华书店经销

*

2017年9月第　一　版　　开本：787×1092　1/16
2017年9月第一次印刷　　印张：11 3/4
字数：240 000

定价：228.00元

（如有印装质量问题，我社负责调换）

目录

壹 发现

1981 年 4 月下旬，洛阳市龙门啤酒厂建厂施工爆破取土，随着一声巨响，土堆中露出大量花花绿绿的残片——一座古墓暴露在人们眼前。建设单位立即向相关部门报告，接到报告后，洛阳市文物工作队即派发掘股赵振华等人前去进行抢救发掘。经过紧张的抢救清理，发现这是一座唐代墓葬，遂编号 C7M27。由于爆破造成墓葬坍塌，墓中大量文物，特别是大型三彩随葬器物遭到严重损坏。清理结束后，文物运回并移交文物仓库保管。据发现的墓志可知，这是一座唐代夫妇合葬墓，墓主人是唐代定远将军安菩和夫人何氏，埋葬时间为唐中宗李显景龙三年，即公元 709 年①。

① 洛阳市文物工作队：《洛阳龙门唐安菩夫妇墓》，《中原文物》1982年第3期；赵振华、朱亮：《安菩墓志初探》，《中原文物》1982年第3期。

贰

修复

唐代墓葬的发现及墓中大量精美三彩器被毁，引起主管部门的重视。时任洛阳市文化局副局长的著名考古学家蒋若是先生来到文物库房查看，并要求尽快修复。从 1981 年 5 月到 1982 年 4 月，在文物保管股股长侯鸿均带领下，岳金合、曹玉兰、周雪英、程永建等进行了一年的修复工作。其中侯鸿均、岳金合、曹玉兰、程永建等负责清洗、拼对、粘接、修补，周雪英负责着色。

由于当时条件较差，墓中出土文物的修复是在一间单砖屋墙、石棉瓦屋顶的简易库房中进行的。夏日酷暑，库房内似蒸笼一般，使人汗流浃背；一把蒲扇，伴随着度过炎炎夏日。冬日严寒，屋内像冰窖一样，让人手脚冻僵；一台煤炉，陪伴着我们走过凛凛寒冬。修复所用工具非常简单，几把脚形小刀（俗称割脚刀）、钢锉、酒精灯、砂纸、盆子、刷子等，粘接材料有细棍状漆胶、环氧树脂和热熔胶。其中热熔胶由于热熔时气味过于刺激，且粘接效果不好而被放弃。漆胶的粘接度较差，寿命相对较短，且受高温影响较大，故主要粘接小件器物和小块残片。其方法是先把需要粘接的器物接口烤热，把烤化的漆胶涂抹于接口处，快速对好接口，片刻即可粘好。如粘接位置有错或没有达到要求，把粘接部位在火上加热使胶熔化再重新粘接即可。大块残片则用环氧树脂粘接。缺少的部位以石膏补上，打磨光滑，并根据周围釉色进行着色。着色用料为油画颜料，表面再刷清漆使之光亮。

叁 墓葬位置与形制结构

安菩夫妇墓位于今洛阳市南部13千米处的龙门东山北麓，西距伊水约1千米，北距隋唐洛阳东都城的南城墙约8千米（图一）。

墓葬平面呈铲形，坐南向北，自北向南由墓道、墓门、甬道和墓室四部分组成，方向168°。墓道在清理前已遭破坏，现场迹象表明，可能为斜坡墓道，长度不明。墓门石构，门槛、门楣及两侧门框均为长条形青石，相互以榫卯相接。门槛的两端分置于两块凹字形门墩内。两扇石门的轴枢各置于两门墩和门楣两端的臼窝中。门洞高0.92、宽0.82米。门楣之上立一半圆形门额。石门通高1.73米。甬道为一土洞，北接墓门，南连墓室中部。进深0.94、宽1.13米，高度不明。墓室平面略呈长方形，弧顶，墓壁基本平整，个别地方有镢痕。墓室长2.95、宽3.55、后壁高1.90米。墓室的东西两边各有一高0.35米的棺床。两棺床各一面靠东西墓壁，另三面以石条包边，内填活土，长2.40、宽1.30米左右。棺床上各置一棺，棺木已朽，仅见铁棺钉数枚。人架已朽成黄白色粉末，可辨其头向朝南（图二）。

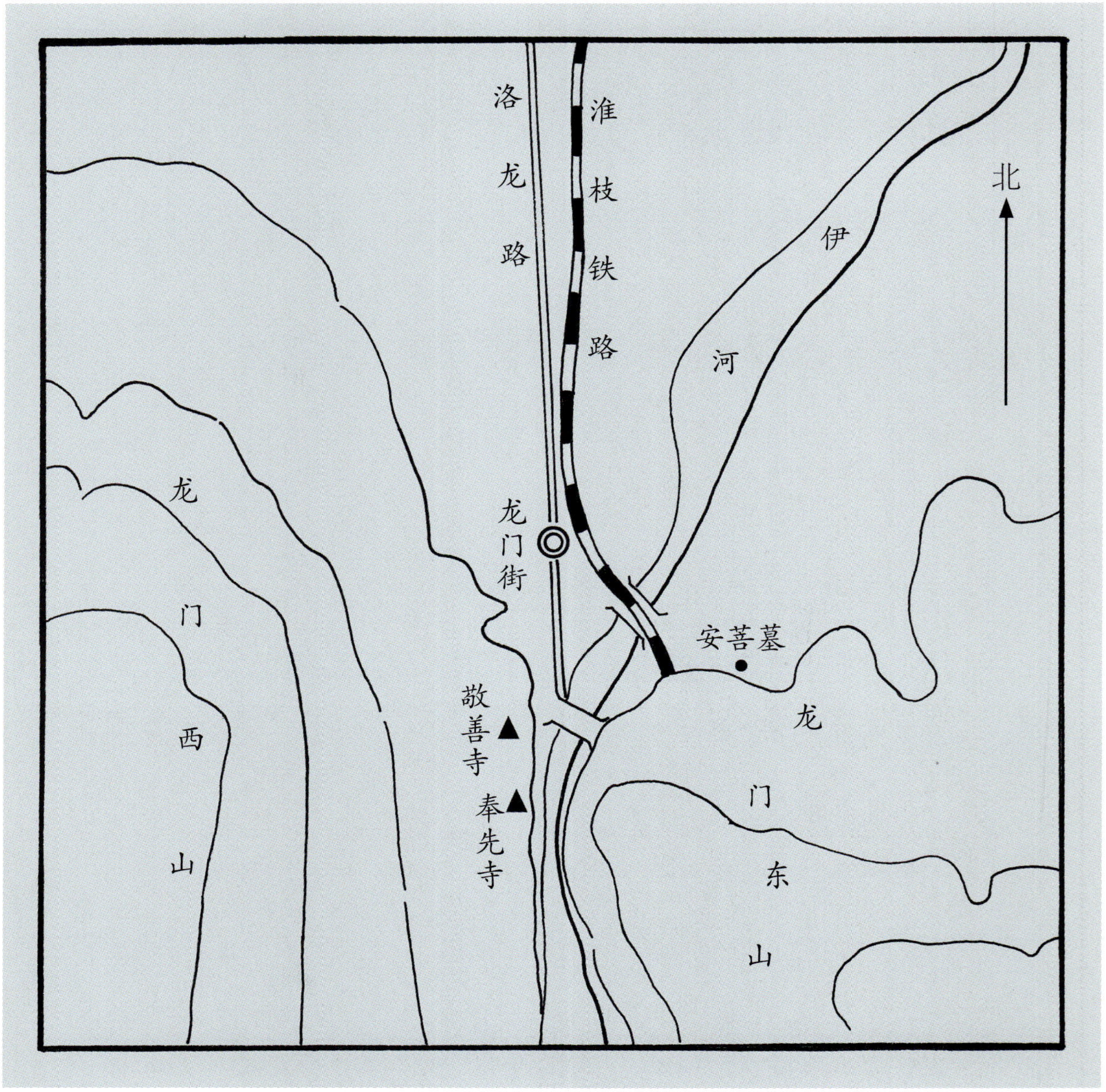

图一　墓葬位置示意图

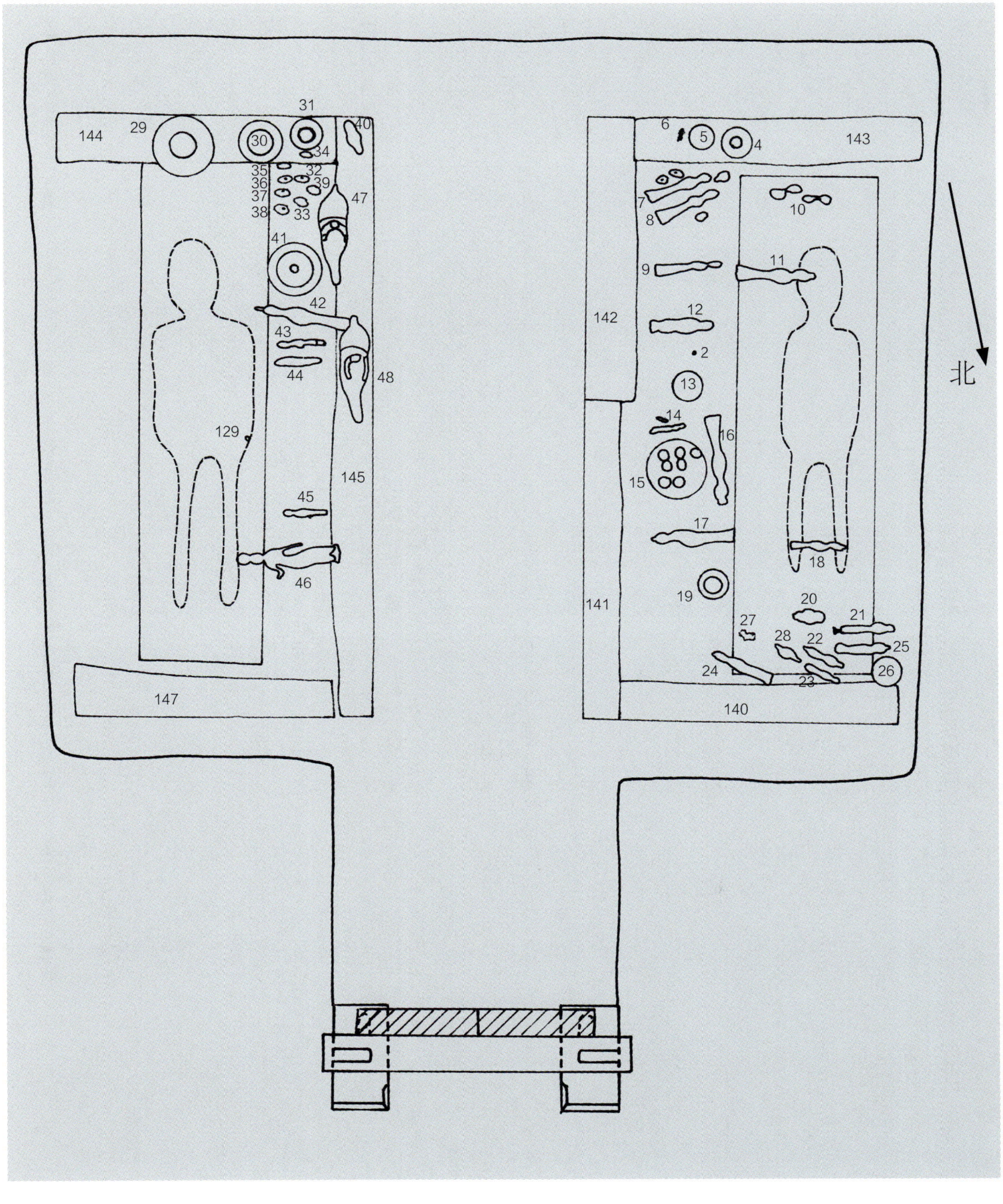

图二　C7M27 平面图

1. 金币　2. 玛瑙珠　3、129. 铜钱　4. 瓷唾盂　5、26. 小碗
6～11、16、17、25、32、33. 女侍俑　12、18、21～24、34～39、43～45. 男侍俑　13. 铜镜
14. 碓　15. 七星盘　19. 瓷瓶　20、40. 牛　27. 狗　28. 鸡　29、30 瓷罐
31. 瓷带流瓶　41. 烛台　42. 女立俑　46. 男立俑　47、48. 男骑马俑　140～147. 棺床石刻

肆 随葬品

墓中随葬品摆放基本有序，但由于墓葬已被破坏，随葬品位置或已移动。甬道内靠近墓门的中间置一黄釉小碗。甬道两侧由北向南置文官俑、武官俑、镇墓兽，其间置墓志。二棺床之间由北向南对称地依次放置牵马俑、大白马、牵驼俑、大骆驼、牵马俑、大马，其间还置有很多小马、小骆驼、鸡、鸭等器物。余下的多置于两棺床之上。共计 129 件。依其质料可分为三彩器 50 件、单釉器 61 件、陶器 2 件、瓷器 11 件、金币 1 件、铜器 3 件、玛瑙珠 1 件等。三彩器经粘接修整后，基本全部复原。

（一）三彩、单釉器

墓中出土三彩器和单釉器共 111 件，其中三彩器（即两种以上釉色）数量最多，器形较大，制作精细，造型精美，釉质光洁，釉色华丽。主要器形有镇墓兽、天王俑、文官俑、武官俑、马、骆驼、牵马（驼）俑、男女骑马俑、男女立俑、男女侍俑等。此外，还有一批通体或部分施单色釉的侍俑、小马、小骆驼及猪、狗、牛等。人物俑类的面部均不施釉而施彩绘，如口涂朱，眉、眼、须描黑等。

1 〉 三彩镇墓兽

2 件。

三彩兽面镇墓兽

1 件。

C7M27 ： 53，通高 104 厘米。

狮面獠牙，头顶饰火焰状大角，额上有鹿角形角，眉心饰一圆珠，大耳如扇，身生双翅，翅上饰六个弧形尖刺。牛蹄形足。通身间施黄、绿、白三色釉，蹲踞于须弥式高座上。

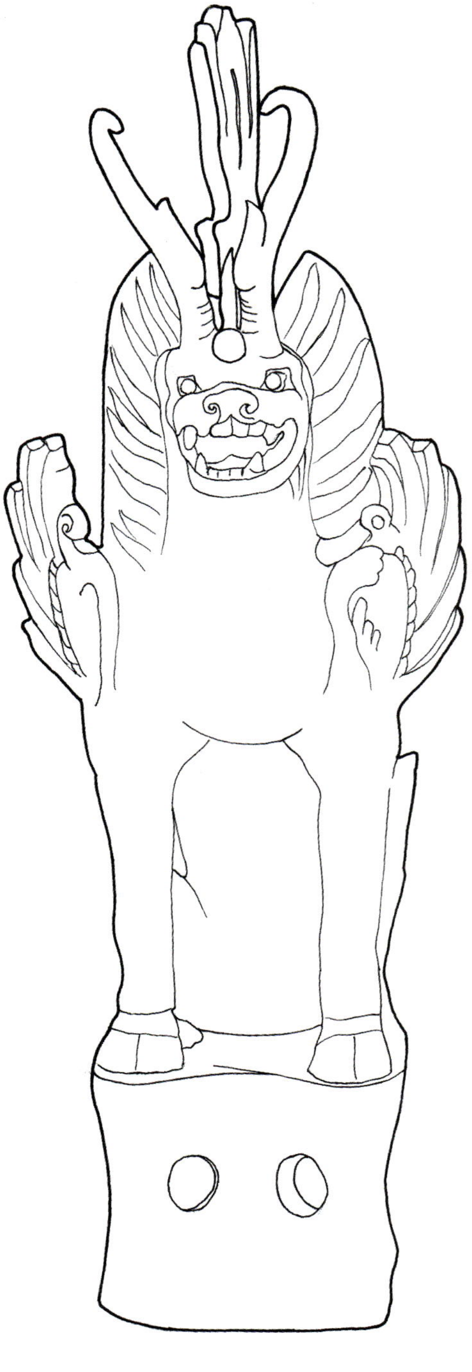

三彩兽面镇墓兽（C7M27 ： 53）

◎ 正面

三彩兽面镇墓兽（C7M27 ： 53）

◎侧面

◎背面

三彩人面镇墓兽

1件。

C7M27 ： 54，通高103厘米。

人面兽身，头部施彩。面目狰狞，狮鼻，凸目眦血，“S”形粗眉，红唇大口，上唇绘八字黑须延到脸颊，络腮胡下垂。头顶双叉形鬃毛上束，前侧一螺旋直角，前额一短角。左右大耳，肩生双翅，翅上各凸四尖刺。四蹄足，蹲踞于须弥式高座上。

三彩人面镇墓兽（C7M27 ： 54）

◎ 正面

三彩人面镇墓兽（C7M27 ： 54）

◎局部

◎ 背面

2 〉 三彩天王俑

2 件。

C7M27 ∶ 49，通高 113 厘米。

为护法天神形象。头戴鶡盔，盔沿上卷，上饰彩绘，鶡为鹰首，展双翅，红彩扇形尾上举。天王粉面，红唇，二目圆睁，阔鼻，粗眉黑须，表情威武、勇猛。上身着绿釉高领明光铠，左右胸各一圆护，上饰凸起的兽头，胸腹部缚绊甲丝绦，双肩披覆龙首护膊，龙口大张，龙鼻上昂。袖口及甲的周边施赭黄釉，左手叉腰，右臂握拳高举。双足着长筒尖头履，一足踏白色卧牛的头顶，一足踏牛臀背。牛下为长方形须弥式三彩台座。

三彩天王俑（C7M27 ∶ 49）

◎ 正面

三彩天王俑（C7M27 ： 49）

◎局部

◎背面

C7M27 ： 50，通高 113 厘米。

为护法天神形象。造型与 C7M27 ： 49 对称。黄釉为主，绿釉饰边，胸、腹及小腿部为白色。足踏绿牛。下为长方形三彩泥障须弥式台座。

三彩天王俑（C7M27 ： 50）

◎正面

三彩天王俑（C7M27 ： 50）

◎局部

◎背面

3 〉 三彩文官俑

1 件。

C7M27 ： 52，通高 112 厘米。

头戴黑色梁冠，冠梁高起，梁上以黑、红、青色饰彩。粉面，直鼻，红唇，丹凤眼，细长眉，用黑色饰目、眉、须，面带微笑。身着朝服。上衣为绿色高立领宽袖外衣，腰系宽带，外罩裲裆，袖口宽大下垂，上饰黄白花斑。下穿白色及地长裤，脚着如意云头翘履。两手执白色笏板于胸前，站立于须弥座上。

三彩文官俑（C7M27 ： 52）

◎正面

三彩文官俑（C7M27 ： 52）

◎局部

◎侧面

◎ 背面

4 〉 三彩武官俑

1件。

C7M27 ∶ 51，通高113厘米。

头戴如意形鸟冠，冠边缘饰一圈联珠纹，中间的鸟展翅作飞翔状。粉面，朱唇，黑须浓密，脸颊丰腴，二目圆睁，微笑中带有威武之气。身着朝服。上着赭黄色高立领宽袖外衣，袖口镶绿边，腰系宽带，外罩裲裆。下着白色及地长裤，脚着尖头履。两手执白色笏板于胸前，站立于三彩须弥座上。

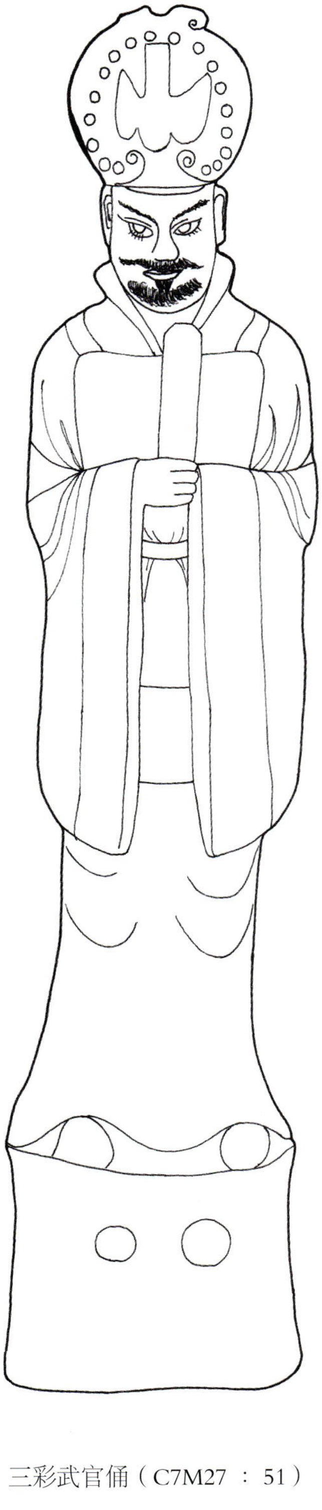

三彩武官俑（C7M27 ∶ 51）

◎ 正面

三彩武官俑（C7M27 ： 51）

◎局部

◎背面

◎侧面

◎右面

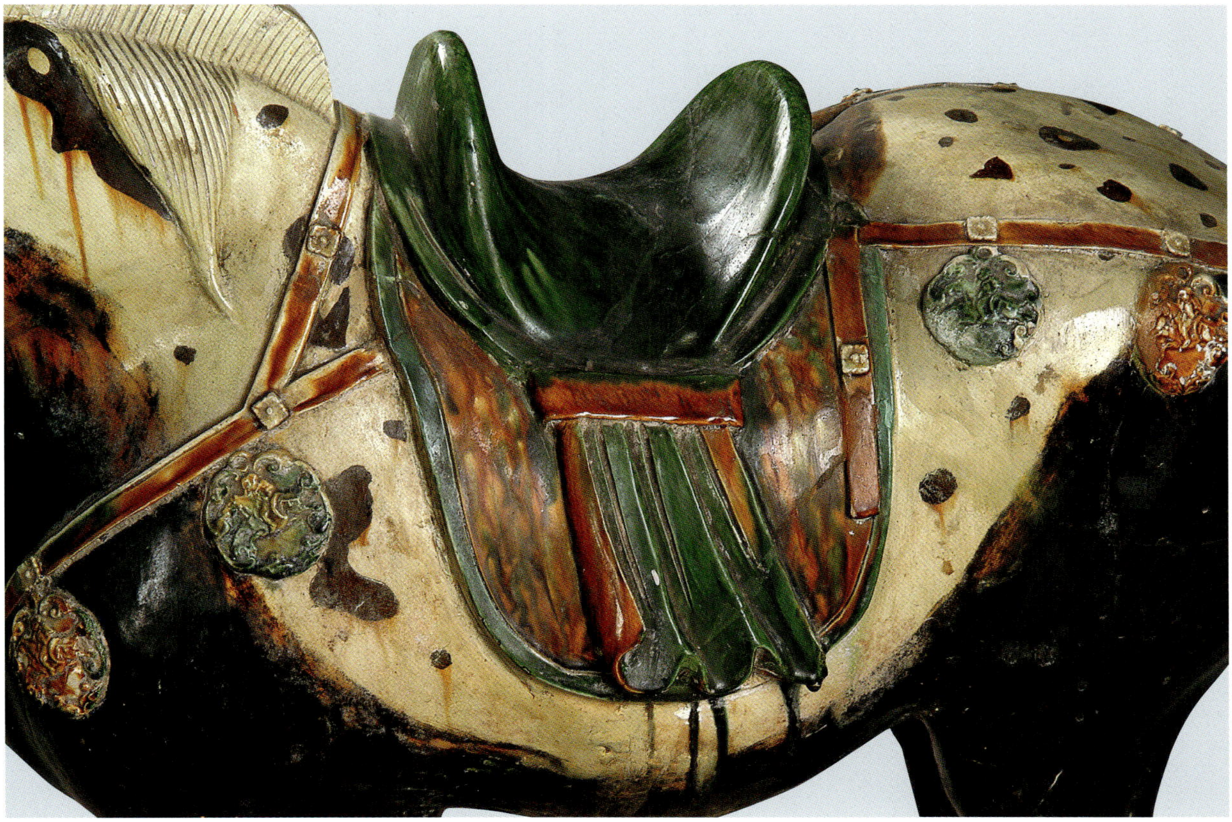

◎局部

C7M27 ： 56，通高 75、长 84 厘米。

马作站姿，立于长方形踏板上。抬头，额鬃左右两分，双耳竖立，口微张，体格健壮，颈部、前胸及腿部肌肉鼓起，失尾，臀部留一圆孔。通体施棕黄釉，白鬃。鞍外披泥障绿毯，革带上系 15 枚绿色变体宝相花垂饰，垂饰为印模制作后贴于马身上，垂饰中部为一蟾蜍。

三彩马（C7M27 ： 56）

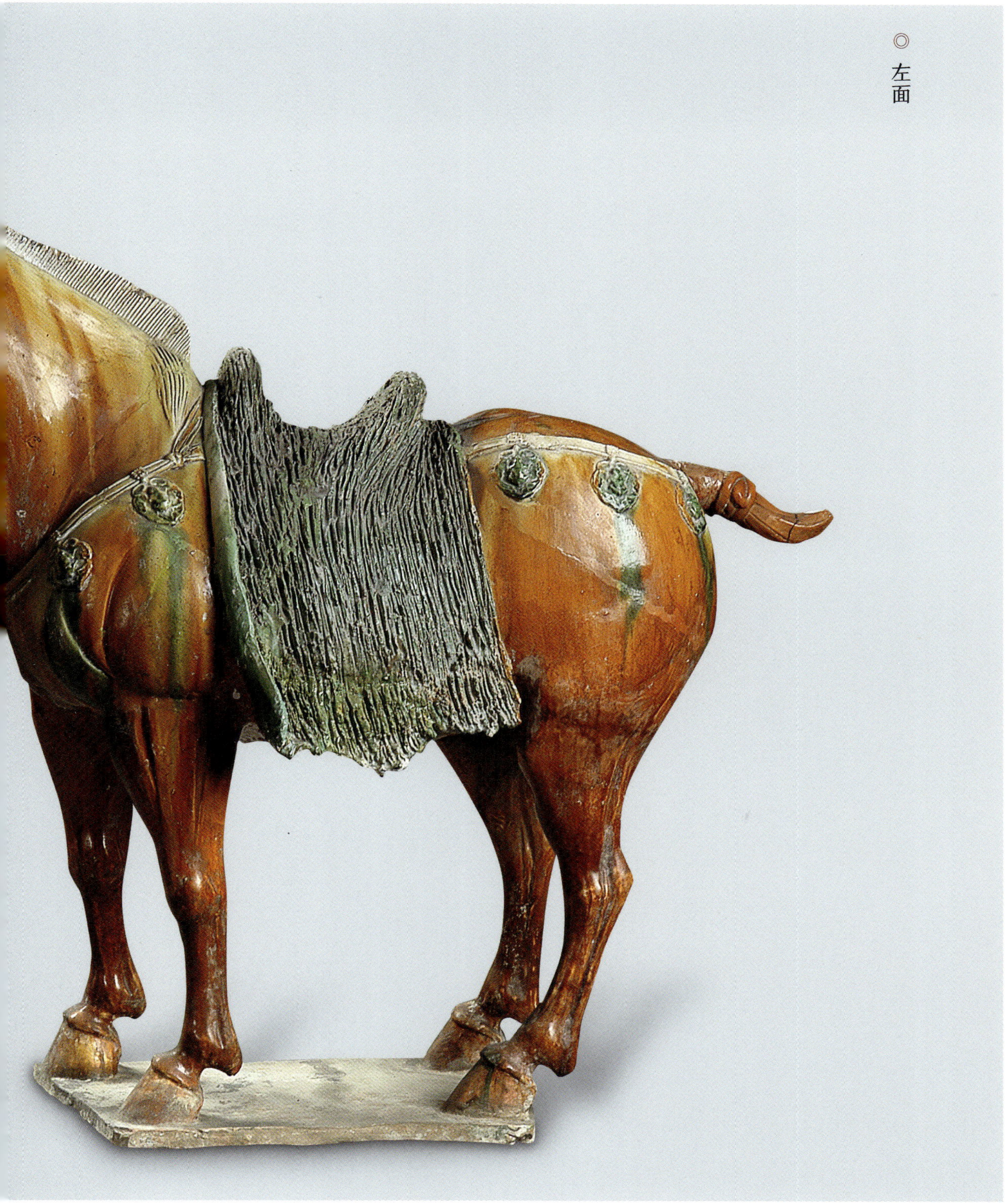

◎左面

三彩马（C7M27 ： 56）

◎局部

◎右面

C7M27 ∶ 57，通高 75、长 82 厘米。

马昂首站立于长方形踏板上，两耳直立，双目圆睁，口微张作嘶鸣状，前胸肌肉鼓起，剪鬃辫尾，头、胸、背部辔饰与鞍鞯俱全，马头部、胸部和背部辔带上均饰有桃形垂饰。马通体施白釉，花毯施绿釉。造型生动，神态逼真，体格雄壮，姿态矫健。三彩自然垂流，釉色绚丽。

三彩马（C7M27 ∶ 57）

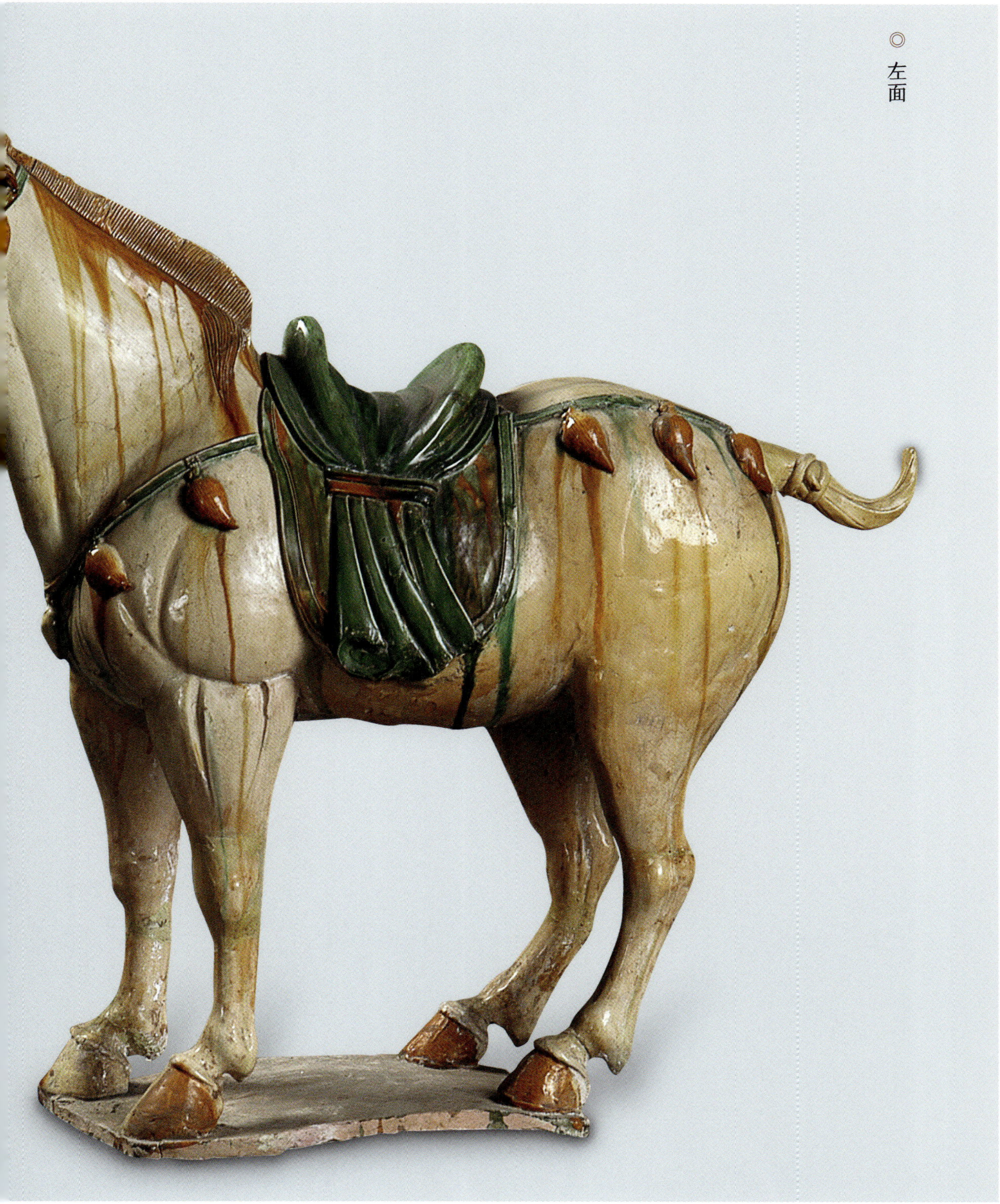

三彩马（C7M27 ： 57）

◎右面

◎ 马鞍

C7M27 ： 58，通高 69、长 81 厘米。

马作站姿，立于长方形踏板上。头微勾，额鬃两分，张口嘶鸣，右耳竖立，右耳后附。颈部马鬃修剪短而整齐，左侧一缕鬃毛下垂。辫尾，尾尖上勾。头、胸、背部辔饰及鞍鞯俱全，鞍上铺三彩泥障，施以绿、赭、白三色釉。马头额部、鼻上及两腮辔带上各有一绿釉半桃形垂饰，胸部正中饰一白釉桃饰，两侧各有 2 枚绿釉桃形垂饰，臀部两侧辔带上各饰有 3 枚绿釉桃形垂饰。垂饰为印模制作后贴于马身上。马通体施白釉。

三彩马（C7M27 ： 58）

三彩马（C7M27 ： 58）

◎ 马鞍

◎ 正面

6 〉 三彩骆驼

2件。

C7M27 ： 59，通高89、长73厘米。

骆驼站立于菱形踏板上，作行走状。昂首曲颈，张口嘶鸣，牙齿外露，二目圆睁，双峰高耸，长尾向左弯曲贴附于臀部，背上垫黄白绿三色花毯，两峰从毯的圆孔中露出。峰间搭兽面驮囊，兽面阔鼻大口，牛角形眉，双目外突。囊前后有绿色丝卷和绢卷，丝绢的两头分别系有小口瓶、鸡首壶、干粮袋和肉块。囊下垫夹板。通体施棕黄釉，骆驼头上、颈下和前肢处的毛及尾均为白色。器形高大，造型生动，体态雄健，釉色鲜亮，釉质光润。

三彩骆驼（C7M27 ： 59）

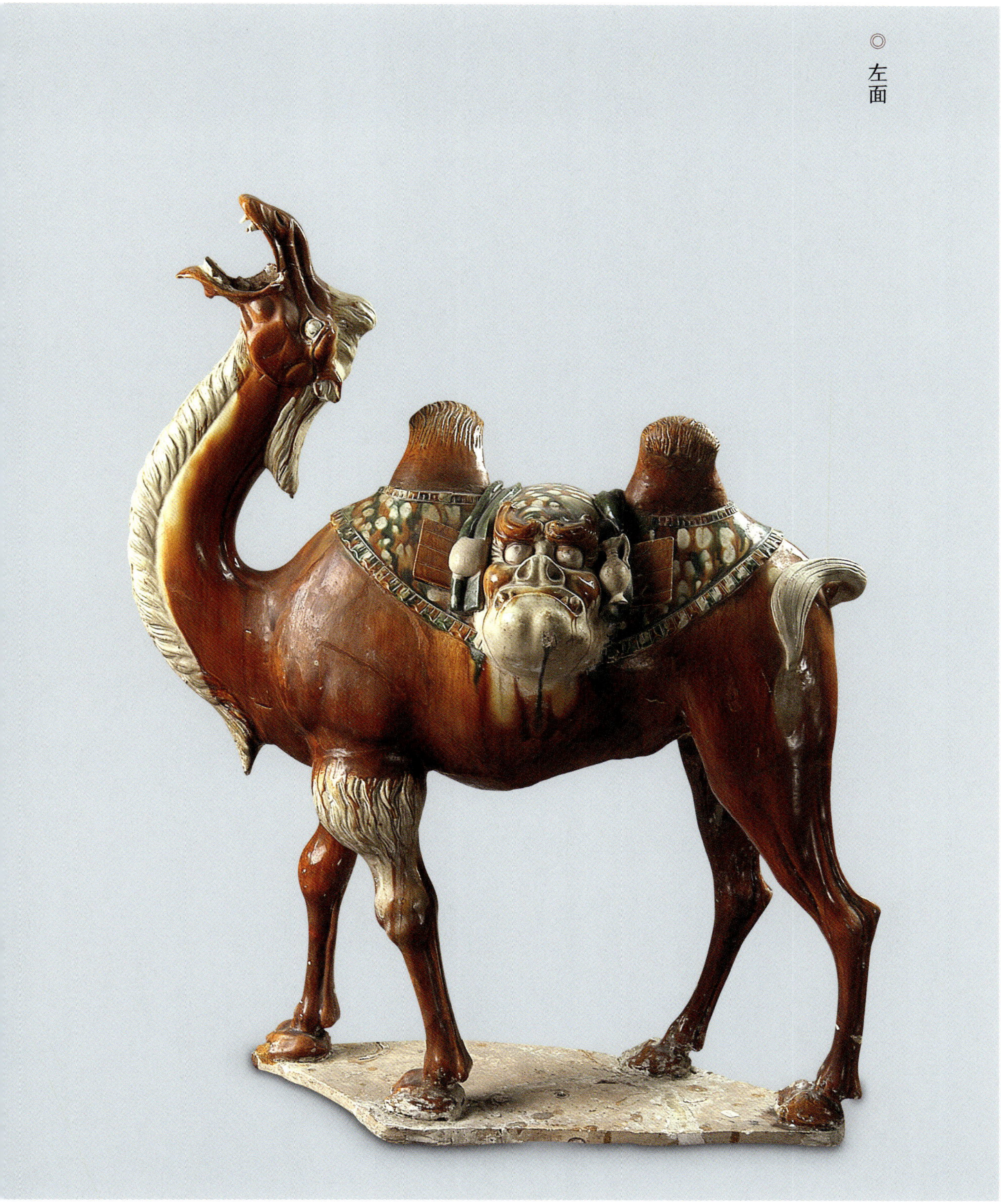

三彩骆驼（C7M27 ：59）

C7M27 ： 60，通高 82、长 65 厘米。

骆驼站立于菱形踏板上，作行走状。昂首曲颈，张口嘶鸣，双峰耸立，长尾弯曲附于臀部。背上垫绿底黄花毯，毯上饰有菱格纹和小圆圈等几何图案，两峰从毯的圆孔中露出。由于毯上釉下流在骆驼的腹部形成花斑。骆驼身体施棕黄色釉，面部、两峰、下腹及附毛均为白色。刻画逼真，体格精壮，釉色光润。

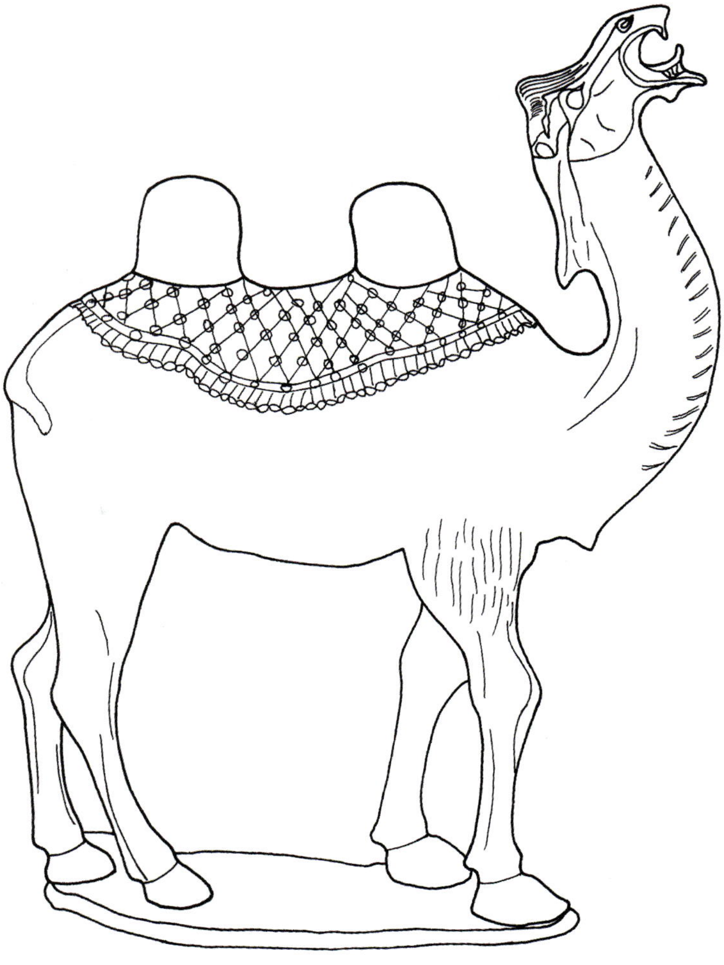

三彩骆驼（C7M27 ： 60）

三彩骆驼（C7M27 ： 60）

◎背部

7 〉 三彩牵马、牵驼俑

6件。因出土位置不详，已无法区分是牵马俑还是牵驼俑。6件均双手握拳作牵缰绳状。身着绿色大翻领浅黄色大衣，腰系布带，足穿黑色长筒尖头靴，立于前宽后窄的踏板上。

三彩胡人牵引俑

4件。

C7M27 ：63，通高59厘米。

为老年胡人形象，戴黑色回族小布帽，脑后盘发。深目高鼻，双眉紧蹙，大口微张，络腮胡须。内穿白色紧袖上衣，外套绿色大翻领浅黄色大衣，腰系布带，足穿黑色长筒尖头靴。

三彩胡人牵引俑（C7M27 ：63）

◎背面

◎正面

三彩胡人牵引俑（C7M27 ： 63）

C7M27 ： 64，通高 67 厘米。

头戴尖顶毡帽，帽沿上折，帽尖下弯。鼻直口阔，颧骨高出，巨目圆睁，黑眉红唇，络腮胡须。

◎头部

三彩胡人牵引俑（C7M27 ： 64）

◎正面

三彩胡人牵引俑（C7M27 ： 64）

◎ 背面

三彩胡人牵引俑（C7M27 ： 64）

C7M27 ： 61、C7M27 ： 62，均通高 62 厘米。

为青年胡人形象。面带微笑，卷发。穿大翻领长袍，腰系带，足着长筒尖头靴。

C7M27 ： 61，卷发外系一圈红色布带。

C7M27 ： 62，卷发外系黑色带。

◎头部

三彩胡人牵引俑（C7M27 ： 61）

◎背面

◎正面

三彩胡人牵引俑（C7M27 ： 61）

◎正面

三彩胡人牵引俑（C7M27 ： 62）

三彩幞头牵引俑

2件。

C7M27 ： 65、C7M27 ： 66，均通高63厘米。

为中年汉人形象，黑幞头，穿大翻领长袍，腰系带，足穿长筒尖头靴。

C7M27 ： 65，八字胡。

C7M27 ： 66，无胡须。

◎头部

三彩幞头牵引俑（C7M27 ： 65）

◎ 背面

◎ 正面

三彩幞头牵引俑（C7M27 ： 66）

8 〉 三彩骑马男俑

4 件。

三彩双髻骑马男俑

2 件。

C7M27 ： 47、C7M27 ： 48，通高 40、长 39 厘米。

马作站立状，施黄釉。马抬头，竖耳，辫尾上翘，马背置鞍。骑者脑后梳圆盘状双髻。

C7M27 ： 47，黑眉红唇，八字胡。穿绿色翻领长袍，腰束带，足穿黑色长筒靴，双手上举作驭马状。

C7M27 ： 48，白马黄鬃，骑者穿翻领窄袖黄色长袍。

三彩双髻骑马男俑（C7M27 ： 47）

三彩双髻骑马男俑（C7M27 ： 47）

◎俑身正面

◎俑身背面

三彩双髻骑马男俑（C7M27 ： 47）

三彩双髻骑马男俑（C7M27 ： 48）

三彩幞头骑马男俑

1件。

C7M27 ： 69，通高 43、长 39.1 厘米。

马作站立状，施白釉。马抬头，竖耳，辫尾上翘，马背置鞍，头及身有辔带，带上饰绿釉桃形垂饰。骑者头戴黑幞头，面容清瘦。身穿黄褐色翻领上衣，腰束黄包，足穿黑色长筒靴，双手作驭马状。

三彩幞头骑马男俑（C7M27 ： 69）

三彩幞头骑马男俑（C7M27 ： 69）

三彩骑马胡人俑

1件。

C7M27 ： 70，通高43、长39厘米。

马作站立状，施黄褐釉。马抬头，竖耳，辫尾上翘，马背置鞍，仅马头置辔带。骑者为胡人，头戴黑幞头，高鼻深目，粗眉大口，络腮胡须。身穿绿色翻领长袍，腰束带，足穿黑色长筒靴，双手作驭马状。

◎头部

三彩骑马胡人俑（C7M27 ： 70）

◎左面

三彩骑马胡人俑（C7M27 ： 70）

◎右面

9 〉 三彩骑马女俑

4件。

三彩高髻骑马女俑

2件。

C7M27 ： 71、C7M27 ： 72，均通高 43、长 38 厘米。

C7M27 ： 71，双手下垂，穿翻领窄袖长袍，釉色上黄下绿，腰束细带。

C7M27 ： 72，双手稍前置，绿衣黄裤。

◎背面

三彩高髻骑马女俑（C7M27 ： 72）

三彩高髻骑马女俑（C7M27 ： 72）

◎ 右面

◎ 左面

三彩高髻骑马女俑（C7M27 ： 71）

三彩风帽骑马女俑

2 件。

C7M27 ： 73、C7M27 ： 74，均通高 43、长 37 厘米。

骑者头戴风帽，身穿翻领窄袖长袍，腰束细带，下穿绿裙，分别骑黄马和白马，马身鞶带用黑线绘饰。

C7M27 ： 73，骑白马。

◎头部

三彩风帽骑马女俑（C7M27 ： 73）

◎正面

三彩风帽骑马女俑（C7M27 ： 73）

10 〉 三彩伶俑

3 件。

三彩高冠伶俑

2 件。

C7M27 ： 76，通高 40 厘米。

为女扮男装伶俑。头戴黑色高冠，冠上饰浅浮雕草叶纹。面目俊俏，柳叶眉，红唇微启，腮边两颗红靥。身穿白色大翻领黄色右衽窄袖长袍，左领尖处有一黄釉圆珠饰。腰束带，足穿尖头靴。左臂下垂紧贴身体左侧；右手握空拳，小臂前伸平举与胸齐。臀部微向右翘，身体稍向左倾，站于方形踏板上。

◎头部

三彩高冠伶俑（C7M27 ： 76）

三彩高冠伶俑（C7M27 ： 76）

◎ 背面

C7M27 ：46，通高 40 厘米。

与 C7M27 ：76 基本相同。身穿绿色大翻领黄色右衽窄袖长袍。

◎侧面

三彩高冠伶俑（C7M27 ：46）

◎ 背面

◎正面

三彩高冠伶俑（C7M27 ： 46）

三彩幞头伶俑

1 件。

C7M27 ： 75，通高 37 厘米。

造型与 C7M27 ： 76 基本相同，唯头戴幞头，身穿黄色大翻领绿色右衽窄袖长袍，右领尖处有一黄釉圆珠饰。臀部向右侧翘起。

◎ 头部

三彩幞头伶俑（C7M27 ： 75）

◎正面

三彩幞头伶俑（C7M27 ：75）

◎背面

11 〉 男俑

16件。

C7M27：12、C7M27：18、C7M27：21~C7M27：24、C7M27：34~C7M27：39、C7M27：43~C7M27：45、C7M27：77，均作立姿，皆施单色轴，釉色有绿、白、浅黄及赭黄等，通高25~28.5厘米。

绿釉幞头男立俑

1件。

C7M27：12，通高28厘米。

头戴黑幞头，脸形稍长，粗眉红唇，双八字胡须，面带笑容。身穿绿色圆领窄袖长衣，腰束带，脚穿尖头履，双手合拱袖内置于前胸，立于前宽后窄的踏板上。

◎头部

绿釉幞头男立俑（C7M27：12）

◎背面

◎正面

绿釉幞头男立俑（C7M27 ： 12）

白釉幞头男立俑

1件。

C7M27 ： 18，高28.5厘米。

头戴黑幞头，脸形稍胖，面带笑容。身着白色圆领窄袖长衣，腰束带，脚穿尖头履，双手合拱袖内置于前胸，立于前宽后窄的踏板上。

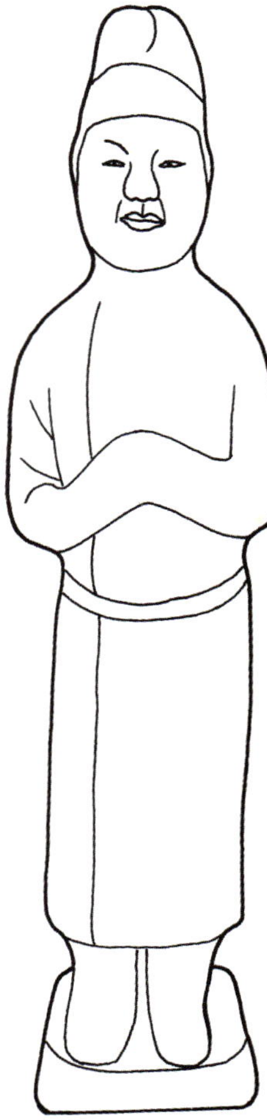

白釉幞头男立俑（C7M27 ： 18）

黄釉幞头男侍俑

14 件。

C7M27 ： 21~C7M27 ： 24、C7M27 ： 34~C7M27 ： 39、C7M27 ： 43~C7M27 ： 45、C7M27 ： 77，头戴黑幞头，脸形较瘦，粗眉红唇，双八字胡须。身穿黄色圆领窄袖长衣，腰束带，脚穿尖头履，右手抱左手合拱于前胸，立于前宽后窄的底板上。男侍俑所施黄釉釉色不一，有黄、浅黄、橙黄等。

黄釉幞头男侍俑（C7M27 ： 22）

黄釉幞头男侍俑（C7M27 ： 24）

黄釉幞头男侍俑（C7M27 ： 44）

12 〉 女俑

26 件。

三彩单刀髻女立俑

1 件。

C7M27 ： 42，通高 39 厘米。

头饰刀形单高髻，面容丰腴，浓眉细目，微笑如靥，身着黄色“V”字形开领长裙，袒胸，肩披绿巾，双手持长巾于腹前，脚穿如意翘头履，站立于长方形踏板上。

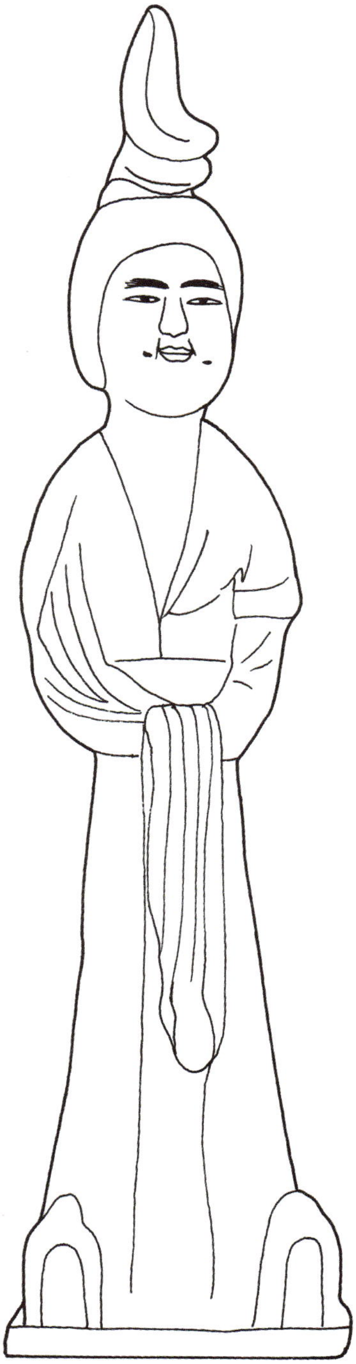

三彩单刀髻女立俑（C7M27 ： 42）

◎ 正面

三彩单刀髻女立俑（C7M27 ： 42）

◎背面

◎侧面

三彩单刀髻女立俑（C7M27 ： 42）

三彩双丫髻女立俑

2 件。

C7M27 ： 17，高 34 厘米。

头饰双“丫”形高髻，面容丰腴，浓眉细目，微笑如靥。身穿黄绿色“V”字形开领长裙，袒胸，肩披黄巾，双手持长巾于腹前，站立于长方形踏板上。

◎头部

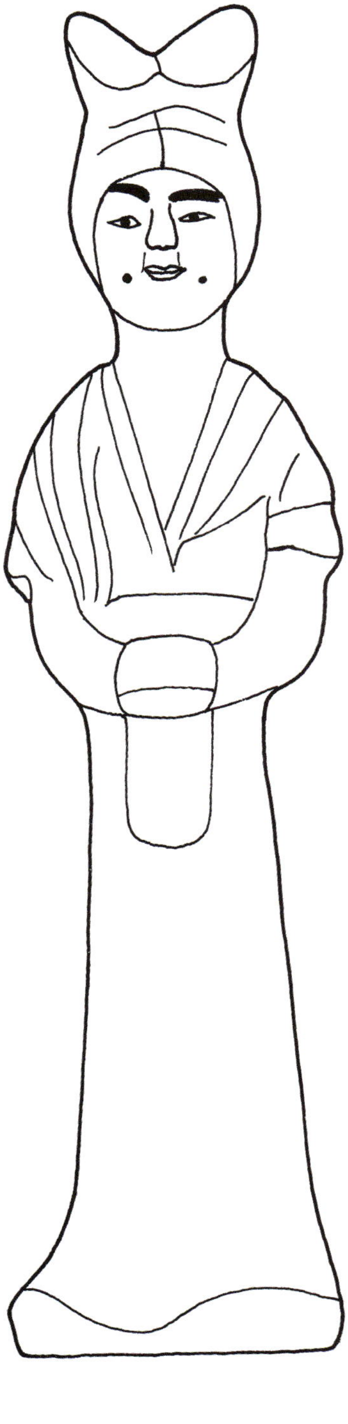

三彩双丫髻女立俑（C7M27 ： 17）

◎
正面

三彩双丫髻女立俑（C7M27 ： 17）

◎背面

三彩双丫髻女立俑（C7M27 ： 17）

◎正面

三彩双丫髻女立俑（C7M27 ： 16）

◎背面

三彩双丫髻女立俑（C7M27 ： 16）

三彩高髻女立俑

1 件。

C7M27 ：78，通高 33 厘米。

头饰高髻，面容丰腴，浓眉细目，腮边饰靥。身着褐绿色“V”字形白色开领长裙，袒胸，肩披褐巾，双手持长巾于腹前，脚穿云头如意履，站立于长方形踏板上。

◎头部

三彩高髻女立俑（C7M27 ：78）

◎背面

◎正面

三彩高髻女立俑（C7M27 ： 78）

女侍俑

22 件。

C7M27 ： 6~C7M27 ： 11、C7M27 ： 25、C7M27 ： 32、C7M27 ： 33、C7M27 ： 82~C7M27 ： 94，头饰高髻，面容丰腴，浓眉细目，腮边饰靥。身穿“V”字形开领长裙，袒胸，肩披巾，双手持巾于腹前，站立于长方形踏板上。

披绿巾黄釉女侍俑

7 件。

C7M27 ： 6~C7M27 ： 11、C7M27 ： 86。

C7M27 ： 7，高 24 厘米。

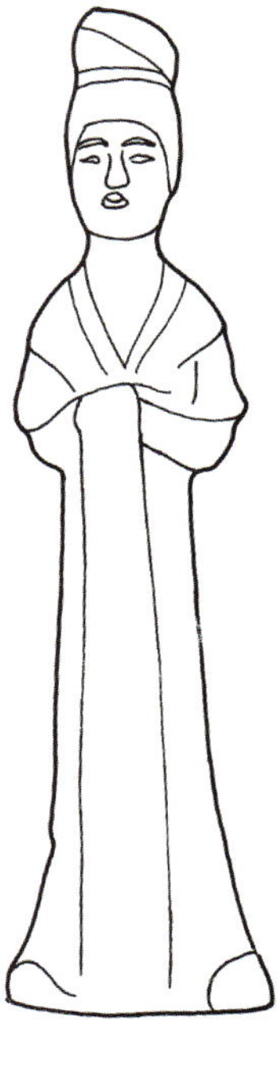

◎正面

披绿巾黄釉女侍俑（C7M27 ： 7）

◎背面

披黄巾黄釉女侍俑

7 件。

C7M27 ： 82~C7M27 ： 85、C7M27 ： 88、C7M27 ： 93、C7M27 ： 94。

C7M27 ： 84，高 24 厘米。

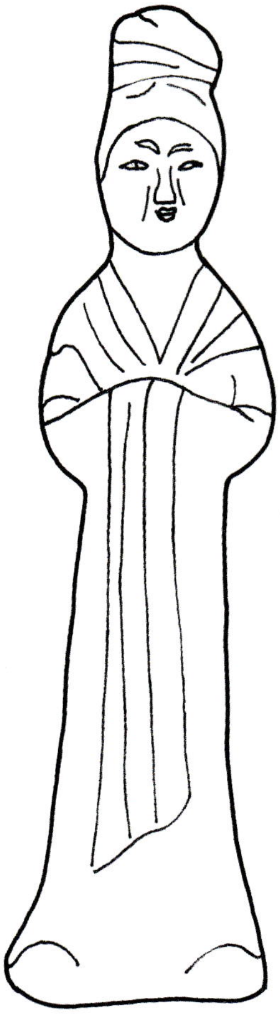

披黄巾黄釉女侍俑（C7M27 ： 84）

半披黄巾黄釉女侍俑

7 件。

C7M27 ： 25、C7M27 ： 32、C7M27 ： 33、C7M27 ： 87、C7M27 ： 89、C7M27 ： 91、C7M27 ： 92，巾披于肩下部，露出大翻领。可知此型女侍俑均穿大翻领长裙。

C7M27 ： 32，高 24 厘米。

披短巾黄釉女侍俑

1 件。

C7M27 ： 90，高 24 厘米。

巾披于肩下部，露出大翻领。

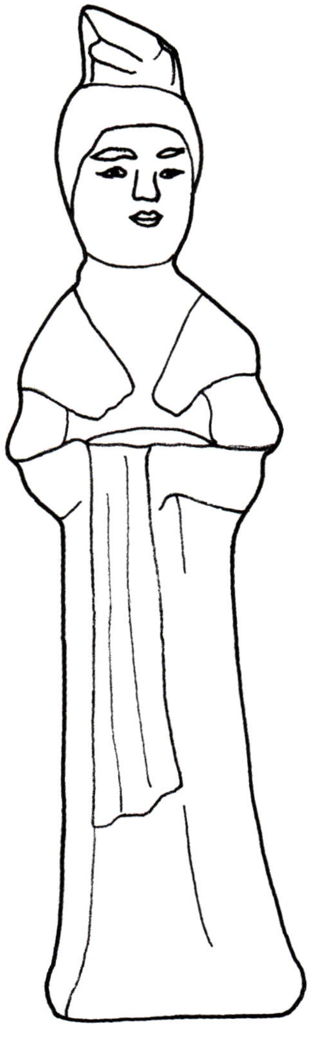

半披黄巾黄釉女侍俑（C7M27 ： 32）

半披巾黄釉女侍俑（C7M27 ： 92）

披短巾黄釉女侍俑（C7M27 ： 90）

13 〉 小马

5 件。

C7M27 ： 95~C7M27 ： 99，均作静立状，头微勾，体壮，短尾下垂，站立于长方形踏板，无鞍无饰。釉色有白、黄两种。

C7M27 ： 95~C7M27 ： 98，4 件。施黄釉，通高 20、长 25 厘米。

白釉马（C7M27 ： 99）

黄釉马（C7M27 ： 95）

14 〉 黄釉小骆驼

4 件。

C7M27 ：100~C7M27 ：102、C7M27 ：106，形制相同。抬头，双峰高耸，均施赭黄釉，静立于长方形踏板上。

C7M27 ：100，通高 27、长 22 厘米。

黄釉骆驼（C7M27 ：100）

黄釉骆驼（C7M27 ：100）

15 〉 黄釉牛

5 件。

C7M27 ∶ 20、C7M27 ∶ 40、C7M27 ∶ 103~105，形制相同。均大头，尖角，小耳，牛眼圆睁，粗胡，牛鼻中穿有牵绳。皆通体施黄釉，釉色有红黄、褐黄和黄色。

C7M27 ∶ 40，通高 13、长 17 厘米。

黄釉牛（C7M27 ∶ 40）

黄釉牛（C7M27 ∶ 40）

黄釉牛（C7M27 ： 20）

黄褐釉牛（C7M27 ： 103）

16 〉 黄釉狗

2 件。

C7M27 ： 27、C7M27 ： 107，抬头，尖嘴，大耳下垂，细长腿，长尾贴于左后腿，站立于椭圆形圈上。皆通体施黄釉。

C7M27 ： 27，通高 13、长 15 厘米。

黄釉狗（C7M27 ： 27）

黄釉狗（C7M27 ： 27）

17 〉 赭黄釉猪

1件。

C7M27 ： 108，通高13、长19厘米。

立式，施赭黄釉。

赭黄釉猪（C7M27 ： 108）

赭黄釉猪（C7M27 ： 108）

18 〉 三彩鸡

3 件。

C7M27 ：28、C7M27 ：111、C7M27 ：112，鸡作站姿。尖喙，小冠，长尾。双翅及尾部刻划出羽毛纹。身、双翅、尾部施黄、绿、白三色釉，且釉色深浅各有不同。

C7M27 ：28，高 16、长 17 厘米。

三彩鸡（C7M27 ：28）

三彩鸡（C7M27 ：28）

三彩鸡（C7M27 ：112）

三彩鸡（C7M27 ：111）

19 〉 三彩鸭

2 件。

C7M27 ： 113，高 13、长 14 厘米。
站姿。大头，粗颈，短尾上翘。身施绛釉，头部施绿釉。

C7M27 ： 114，高 13、长 14 厘米。
形制同 C7M27 ： 113，身施白釉，背施绿釉。

三彩鸭（C7M27 ： 113）

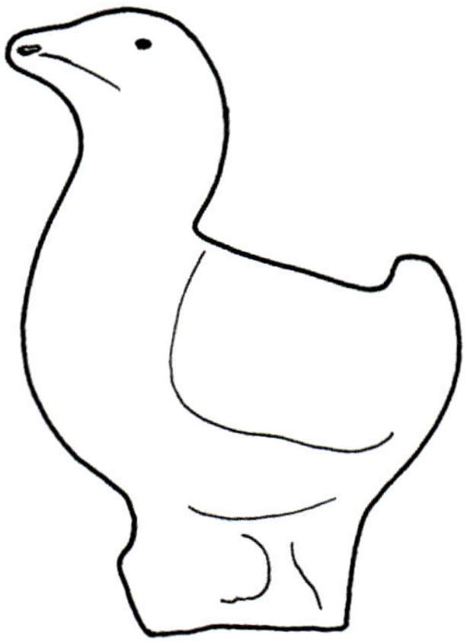

三彩鸭（C7M27 ： 114）

20 〉 白釉鹅

4 件。

C7M27 ： 115、C7M27 ： 116，站姿。曲颈，短尾，双翅刻划羽纹。施白釉。

C7M27 ： 115，高 15、长 16 厘米。

C7M27 ： 117、C7M27 ： 118，头颈后勾，贴于背上。

C7M27 ： 117，高 9 厘米。白身黄嘴。

C7M27 ： 118，高 5 厘米。通施白釉。

白釉鹅（C7M27 ： 115）

勾首白釉鹅（C7M27 ： 118）

21 〉 黄釉灶

2 件。

C7M27 ： 67、C7M27 ： 68，均为长方形，上小下大，施浅黄釉，一端开灶门，火墙上有一烟囱。

C7M27 ： 67，通高 4.5、长 7.5、宽 6 厘米。

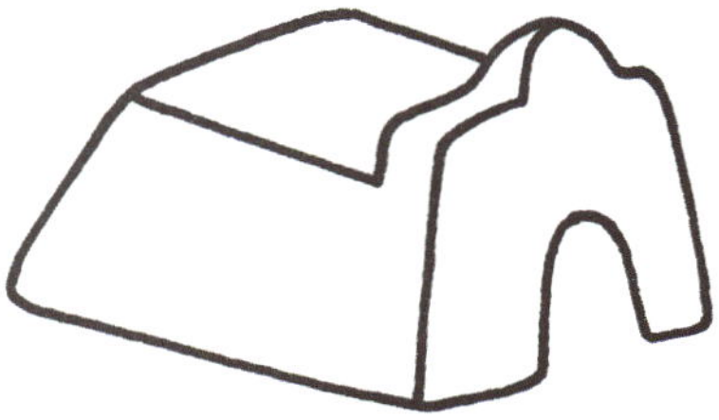

黄釉灶（C7M27 ： 67）

23 〉 黄釉碓

2 件。

C7M27 ： 14、C7M27 ： 81，由安臼的底板和带杵的杠杆组成。底板中部横立一支架。底板和臼施浅黄釉，杵和杠杆及支架施赭黄釉。

C7M27 ： 14，通高 7、长 15、宽 6 厘米。

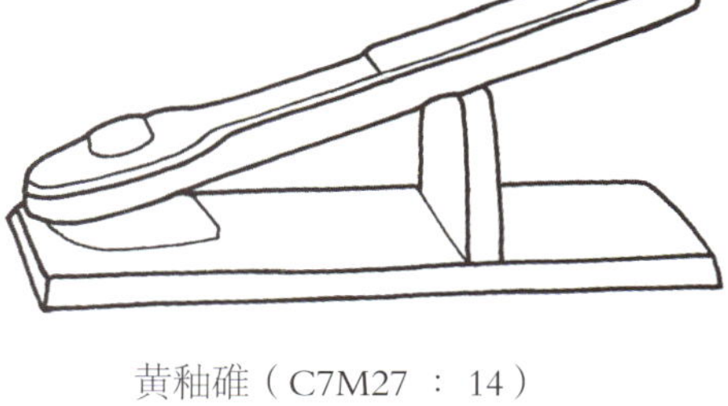

黄釉碓（C7M27 ： 14）

22 〉 黄釉井栏

1 件。

C7M27 ： 79，高 3.5、长 7、宽 6.5 厘米。

方形，上小下大，平面呈“口”字形，上半部施浅黄釉。

24 〉 黄釉磨

1 件。

C7M27 ： 128，高 4、磨直径 7.5、磨底盘直径 10 厘米。

出土时反扣于白瓷罐（C7M27 ： 29）口上。磨盘和磨结合为一体，通施棕黄釉，内空无底。制作较粗糙。

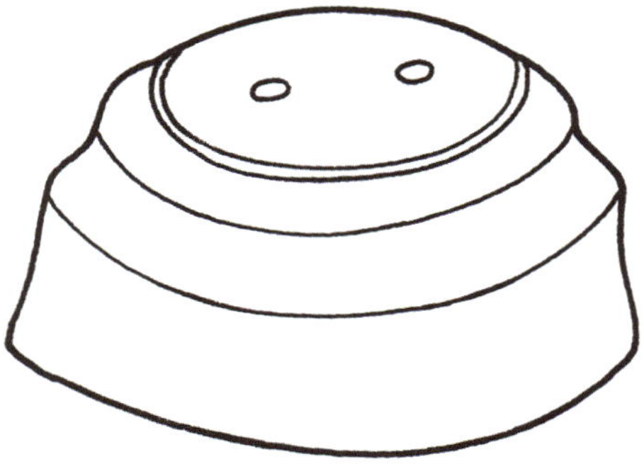

黄釉磨（C7M27 ： 128）

25 〉 三彩七星盘

2 件。

C7M27 ： 15、C7M27 ： 80，盘为敞口，浅腹，平底假圈足，边沿施三彩釉。盘底饰有线刻花草纹。盘内放 2 个三彩小杯、2 个三彩小钵和 3 个白瓷敛口小盂。

C7M27 ： 80，盘高 5、直径 25 厘米。

26 〉 黄釉小碗

1 件。

C7M27 ： 122，厚胎，敞口，浅腹，平底假圈足。施浅黄釉。

27 〉 酱红釉小碗

5 件。

C7M27 ： 5、C7M27 ： 26、C7M27 ： 119~C7M27 ： 121，形制同黄釉小碗，施酱红釉。

◎侧视

◎俯视

三彩七星盘（C7M27 ： 15）

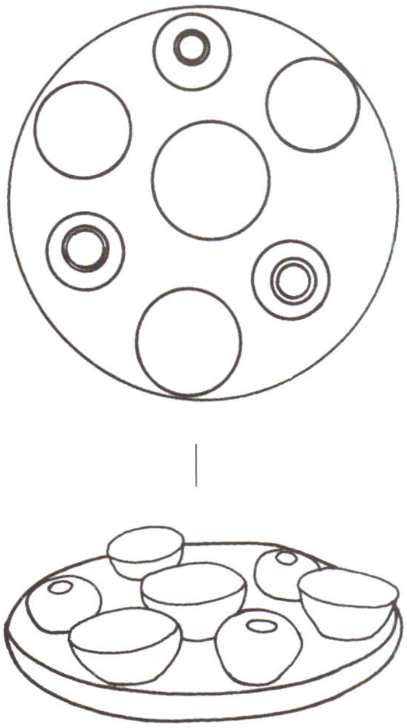

三彩七星盘（C7M27 ： 80）

（二）陶、瓷器

数量不多，制作较精细。

1 〉 陶碗

2 件。

C7M27 ： 109、C7M27 ： 110，灰陶质。厚胎，敞口，深腹，平底。

2 〉 白瓷唾盂

1 件。

C7M27 ： 4，高 13、口径 8、腹径 14 厘米。

盘口，细颈，扁圆腹，平底假圈足。里外均施白釉。

白瓷唾盂（C7M27 ： 4）

3 〉 白瓷细颈瓶

1 件。

C7M27 ：19，高 23、口径 8、腹径 12、底径 7.6 厘米。

侈口，细长颈，椭圆形深鼓腹，平底假圈足。通体施白釉。

白瓷细颈瓶（C7M27 ：19）

4 〉 白瓷净瓶

1 件。

C7M27 ： 31，通高 26、口径 5.5、腹径 12、流口径 2.5 厘米。

整体似瓶，上有塔式宝顶盖，盖与瓶身成一体，顶有小孔。盘口折颈状短流，长弧腹，饼状假圈足。通体施白釉。

白瓷净瓶（C7M27 ： 31）

5 〉 白瓷烛台

2 件。

C7M27 ：41、C7M27 ：123，由烛盏、柱柄和圈足三部分组成。烛台上部为浅腹盘，盘中心有一圆筒形插座。盘下有空心长柄，柄中部饰束腰形宽带，宽带上下均饰多圈粗弦纹。底座呈高圈足托盘状，托盘作折沿，浅直腹，下为喇叭形高圈足。火候较低，白胎，质地与三彩器近似。通体施白釉，釉色泛黄。

C7M27 ：123，通高 33、上盘径 16、底盘径 25、柱柄上口径 4 厘米。

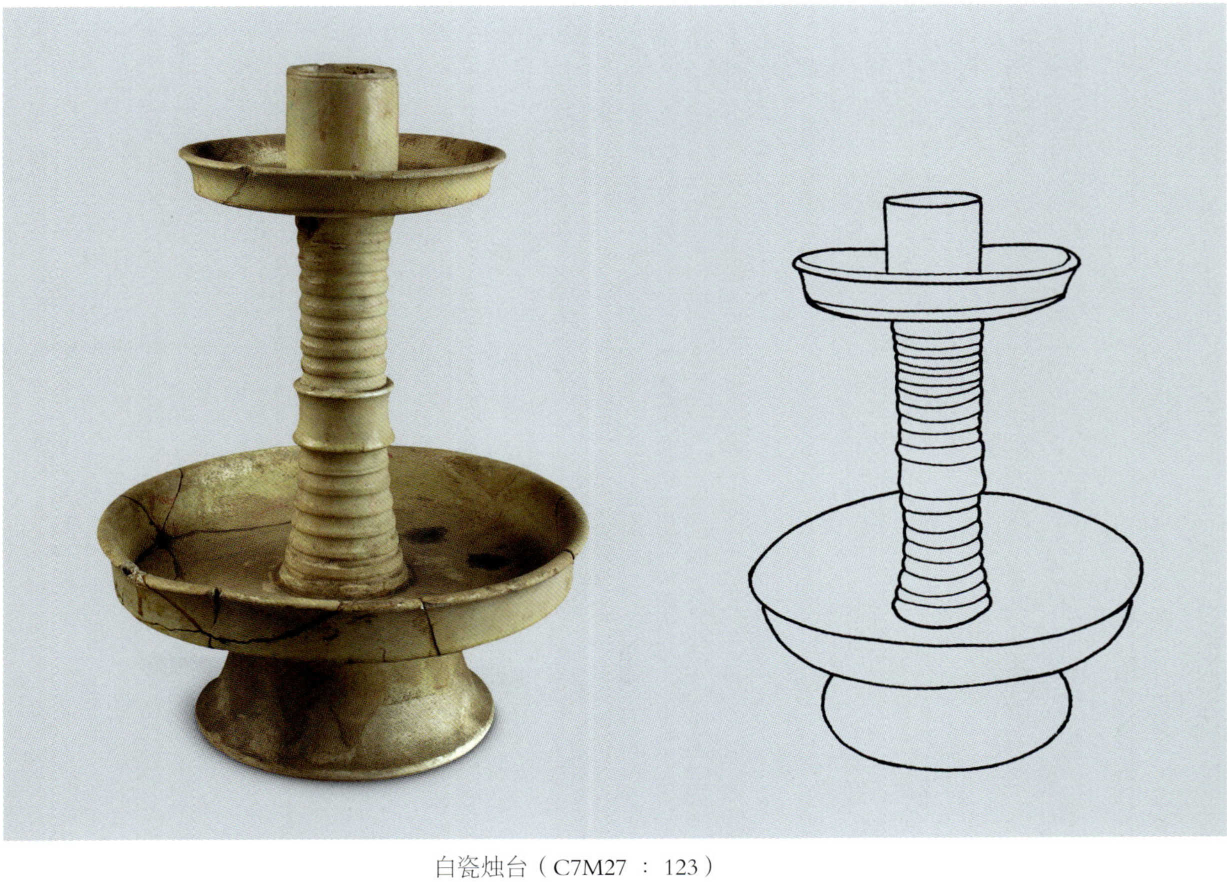

白瓷烛台（C7M27 ：123）

6 〉 瓷罐

6 件。均上半部施釉，腹以下无釉露胎。分三型。

白瓷四系罐

1 件。

C7M27 ： 29，高 33、口径 10、腹径 24 厘米。出土时该罐内尚存半罐褐色半透明液体，无味。

直口微内敛，方唇，短颈，溜肩，上鼓腹较深，小平底，饼状足。肩与颈接处有两两对称四系。通体施白釉，釉色泛黄。

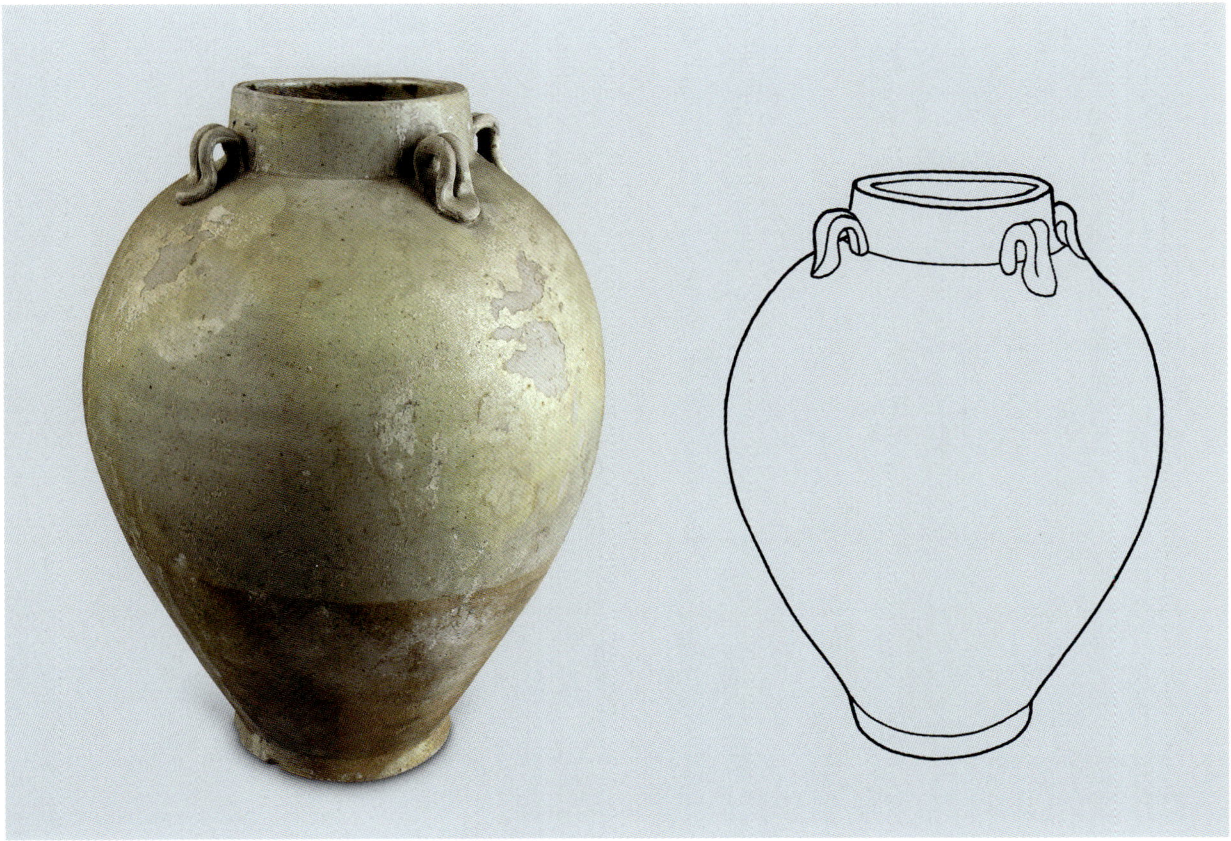

白瓷四系罐（C7M27 ： 29）

白瓷盖罐

3 件。

C7M27 ∶ 30、C7M27 ∶ 124、C7M27 ∶ 125，盖作圆形，中部下凹，立一桃形竖纽。盖下有子口。罐为卷唇，矮颈，圆肩，上鼓腹，下腹收敛，小平底。罐施白釉。

其中一件白瓷盖罐中保存有半罐浅黄色液体，当时请有关部门进行成分检测，结果未检测出特殊成分，遂不存。

C7M27 ∶ 30，通高 32、口径 9、最大腹径 23 厘米。

白瓷盖罐（C7M27 ∶ 30）

褐斑青瓷罐

2件。

C7M27：126、C7M27：127，直口，短颈，扁圆腹，小平底。施豆青色釉，有冰裂纹。

C7M27：126，高17、口径13、腹径25厘米。

有盖，盖面为青釉，下有子口。腹部饰有一周大块褐釉斑。

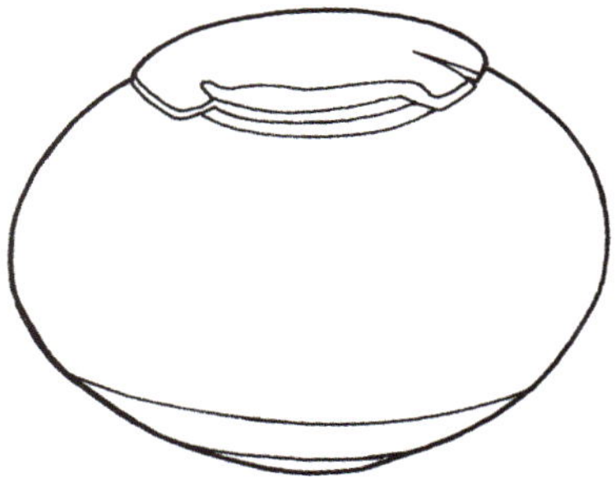

褐斑青瓷罐（C7M27：126）

褐斑青瓷罐（C7M27：126）

褐斑青瓷罐（C7M27：127）

（三）金、铜、玛瑙器

1 〉 东罗马金币

1 枚。

C7M27 ： 1，直径 2.2 厘米，重 4.3 克。

握于西棺床上死者右手中。圆形，周边不甚整齐。正面为留长须的王者半身像，头戴王冠，冠顶中央有一颗五角星。两耳均垂一月牙形饰物。左侧一只手举一个十字架，边缘有拉丁文“FOCAS”（福克斯）。背面中央是一带翼胜利女神像，右手端一个上立有十字架的地球，左手执长柄钩形器，边缘也有拉丁文铭文“VICTOPIA”。

2 〉 开元通宝铜钱

2 枚。

C7M27 ： 3、C7M27 ： 129，直径 2.4 厘米。

两名死者左手各握 1 枚。钱正面均涂有朱砂。

东罗马金币（C7M27 ： 1）

3 〉 瑞兽葡萄纹铜镜

1 件。

C7M27 ： 13，直径 11.45 厘米。

圆形，呈银白色。正面平整，背面有高边，内饰瑞禽瑞兽葡萄纹。纹饰由中部一周凸棱分为两区。内区正中有一蟾蜍纽，外侧相间环绕瑞禽瑞兽各 4 只，再外饰成串的葡萄及其枝叶。外区饰葡萄、瑞禽等。边缘处饰桃形纹一周。

4 〉 玛瑙珠

1 件。

C7M27 ： 2，直径 1.1 厘米。

呈白色透明状。中部有一透孔，直径 0.3 厘米。

瑞兽葡萄纹铜镜（C7M27 ： 13）

（四）石刻

墓中出土石刻，包括墓门构件、棺床石边和墓志，均为石灰岩质。花纹为阴刻线条和减地平雕。

1 〉 墓门构件

9 件。

门额

1 件。

C7M27：133，半圆形。高 48、宽 88、厚 14 厘米。

中间一人字形花枝顶一硕大花朵，两侧主要位置上刻两只对称的大鸟，鸟头顶有大冠，尖喙，曲项，背生双翼，长尾上翘，双爪足。四周布满缠枝花纹。

门额（C7M27 ： 133）拓片

门楣

1 件。

C7M27 ： 134，高 15、宽 118、厚 28 厘米。

正面刻卷草花纹，中心一朵棉桃状花朵，两边的卷草纹中有对称狮形兽。兽头颇大，身上有圆形花斑，四肢平伸，颈毛向后，作奔扑状。下面刻两方连续的棉桃形卷草花纹。

门楣（C7M27 ： 134）拓片

门扇

1 对。

C7M27 ：131、C7M27 ：132，高 92、宽 46 厘米。

两门扇上各线刻一门吏。门吏头戴冠帻，身穿开领广袖长衣，腰束带，脚穿方头翘履。双手拱于胸前，左者按剑，右者持笏。两侧饰花草。

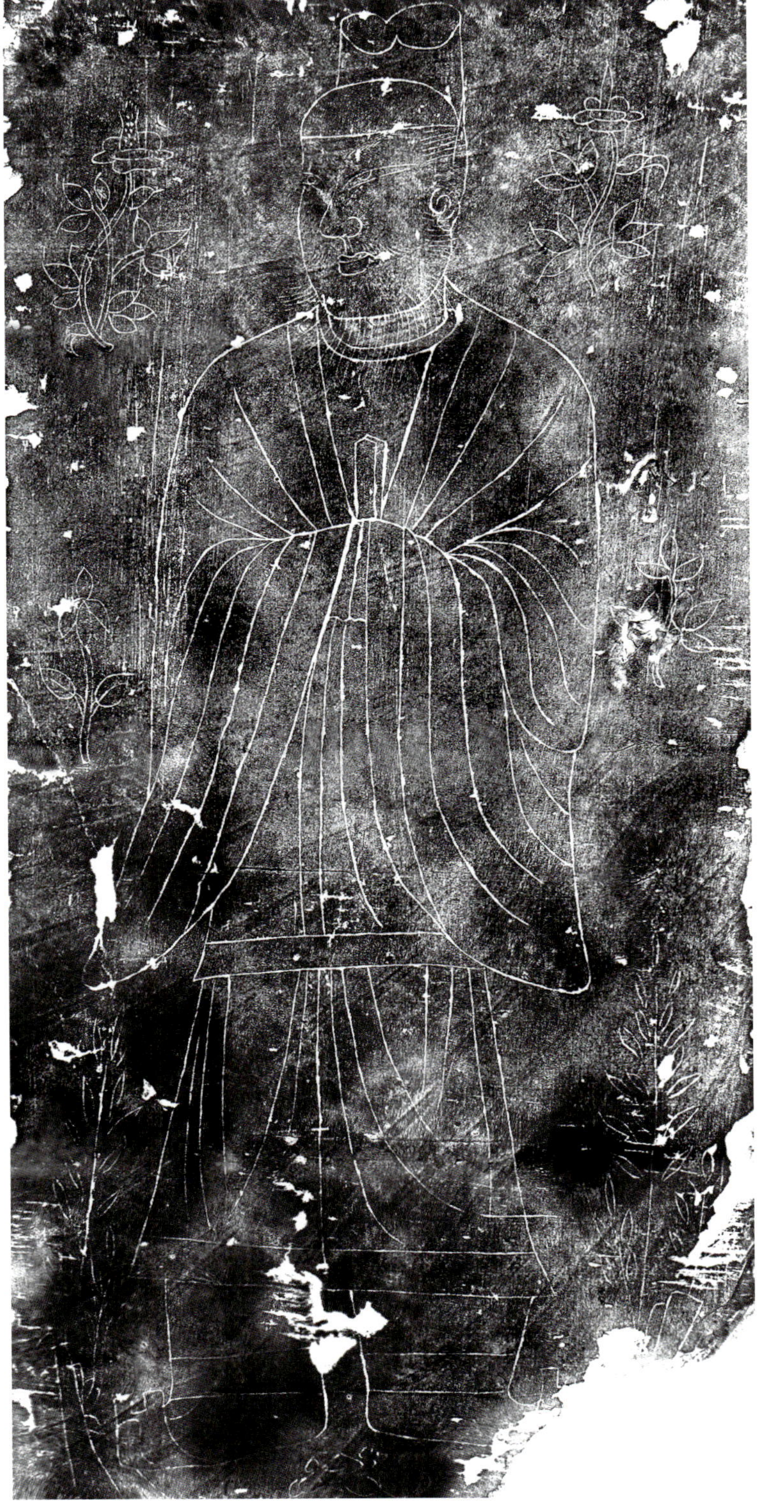

门扇（C7M27 ： 131、C7M27 ： 132）拓片

门框

2 件。

C7M27 ： 136、C7M27 ： 137，高 90、宽 18、厚 14 厘米。

左右对称。正面和内侧一面刻卷草花纹。

门框（C7M27 ：136、C7M27 ：137）拓片

门坎

1 件。

C7M27 ∶ 135，高 13、宽 122、厚 14 厘米。

正面刻三朵大牡丹，牡丹之间为卷草花纹。上面刻棉桃状卷草花纹。

门坎（C7M27 ： 135）拓片

门墩

2 件。

C7M27 ： 138、C7M27 ： 139，高 18、宽 22、厚 41 厘米。

左右对称，外露部分刻卷草纹。

门墩（C7M27 ： 138、C7M27 ： 139）拓片

2 〉 棺床石边

8 件。

分刻十二生肖纹饰，其中 4 块上只刻一种生肖图案，分别为鼠、蛇、马、猪，其余 4 块各刻两种生肖图案。

十二生肖——鼠

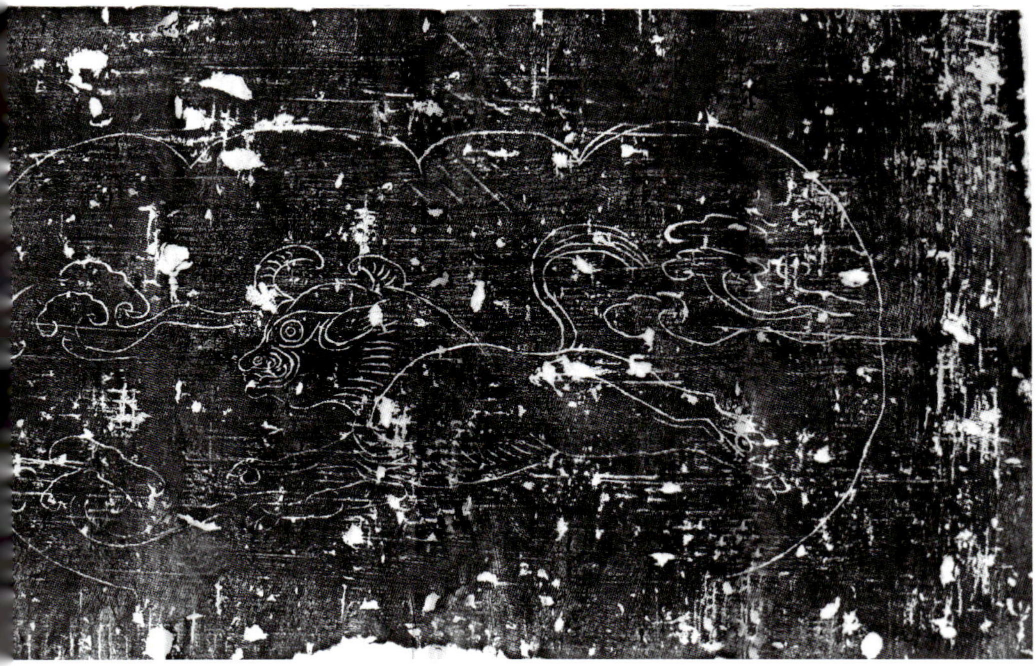

十二生肖——虎、牛

十二生肖——龙、兔

十二生肖——蛇

十二生肖——马

十二生肖——羊、猴

十二生肖——鸡、狗

十二生肖——猪

3 〉 墓志

1合。

C7M27 ：130，志石呈正方形，边长45、厚10厘米。

盖为盝顶，上刻“大唐定远将军安君志”九字，楷书。四杀及四边皆刻卷草花纹。志文行楷，共22行，满行22字。无撰、书者姓名。墓志录文如下：

唐故陆胡州大首领安君墓志

君讳菩，字萨。其先安国大首领，破匈奴衙帐，百姓归中／国。首领同京官五品，封定远将军，首领如故。曾祖讳钵／达干，祖讳系利。君时逢北狄南下，奉敕遄征。／一以当千，独扫蜂飞之众。领衙帐部落，献馘西京。不谓石／火电辉，风烛难住。粤以麟德元年十一月七日卒于长安／金城坊之私第，春秋六十有四。以其年十二月十一日旋／窆于龙首原南平郊，礼也。夫人何氏，其先何大将军之长／女，封金山郡太夫人。以长安四年正月廿日寝疾，卒于惠／和坊之私第，春秋八十有三。以其年二月一日殡于洛城／南敬善寺东，去伊水二里山麓，礼也。孤子金藏，痛贯深慈，／膝下难舍；毁不自灭，独守母坟；爱尽生前，敬移歿后；天玄／地厚，感动明祇。敕赐孝门，以标今古。嘉祥福荀，瑞草／灵原。乡曲荫其风，川涂茂其景。粤以景龙三年九月十四／日于长安龙首原南，启发先灵，以其年十月廿六日于洛／州大葬，礼也。嗣子游骑将军胡子、金刚等，垌煦难追，屺岵／兴恋。日弥远而可知，月弥深而不见；与一生而长隔，悲复／悲而肠断。呜呼哀哉！其词曰：

素成大礼，载召幽魂。关山／月亮，德洽乾坤。鸿门定远，留滞将军。
择日迁卜，阴阳始分。／兰芳桂馥，千岁长熏。其一。
名由谥显，德以位班。质含月态，镜／转神颜。淑慎非亏，丽藻清闲。
珠川水媚，玉润灵原。君贤国／宝，妻美金山。孝旌闾闬，百代称传。其二。

大唐定
遠将軍
安君誌

大唐定
遠将軍
安君誌

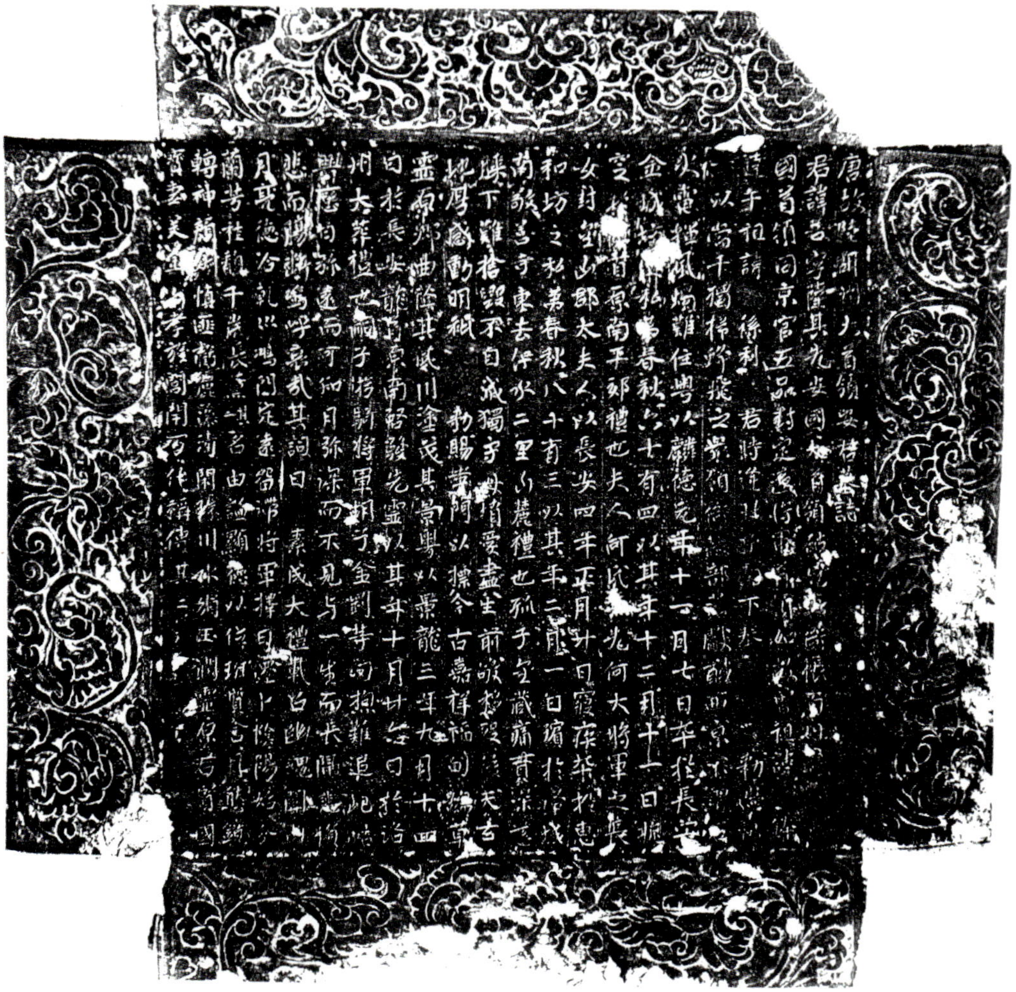

伍 结语

据不完全统计，新中国成立以来的几十年间，洛阳地区已发掘了不少于6000座唐代墓葬，但出土唐三彩的墓葬相对较少，特别是唐代纪年墓中出土三彩随葬品更是鲜见。在已经发现的数座出土有三彩器的唐代纪年墓中，安菩夫妇墓中110余件珍贵三彩文物是最重要的考古发现。这在20世纪80年代初的考古工作中尚属首次发现，即使在目前也属罕见，是洛阳地区唐代考古工作的一次重要收获。

安菩夫妇墓中出土的三彩器数量众多，器形高大，釉质亮丽，质量很高。三彩器及单釉器多达110余件，且种类丰富。特别是俑类器物，几乎包括了俑类的各个品种。镇墓兽、天王俑、文武俑高近1米或超过1米，马、骆驼等体态健壮高大。施釉匀润，黄、白、绿、棕、黑等多种釉色交融，色泽鲜艳，釉质光润；造型生动逼真，装饰繁缛华丽，具有很高的历史、科学和艺术价值，可谓洛阳唐三彩的代表和标杆。

在修复过程中，考古工作人员对唐三彩的制作工艺有了清晰的认识。墓中所有陶质随葬品均为模制而成，大型器物多为多组模制后组合而成，里面有很多指痕和抹痕。如文官俑、天王俑等大型人物类俑均分为头、身、大臂、小臂、大腿、小腿、手、脚、底座等几个大的部分，并且是前后两面组合而成，如头即为前后两面分别制作后再组合完整；大型马、骆驼也分为头、身、腿、尾、踏板等几部分。大型人物俑的头和颈部多以子母口相套的方法粘接成形，而在平面的接口处均划出凹槽，以使其结合牢固，并在外侧敷泥条抹平接缝。这为研究唐三彩的制作工艺，提供了不可或缺的第一手资料。

在洛阳唐代考古中，一直缺乏高级别唐代墓葬的科学发掘。因此，唐代墓葬石刻，在洛阳一直发现不多。棺床上有线刻花纹的唐墓，洛阳目前仅发现2座，即开元二十八年（740年）唐睿宗贵妃豆卢氏墓①和安菩夫妇墓，而安菩墓棺床线刻十二生肖纹饰，则为仅见。安菩墓出土的雕刻精美的石门和棺床石边，纹饰线条流畅，形象生动，丰富了洛阳的唐代石刻艺术。

随葬品中有金币一枚，经中国社会科学院考古研究所前所长夏鼐先生认定，为东罗马皇帝福克斯的铸币——东罗马金币②。其铸造年代为公元602～610年。这是洛阳唐代纪年墓中发现的第一枚外国金币，它与1955年在洛阳北郊唐墓中发现的波斯萨珊王朝银币③，同为丝绸之路的遗物。结合安菩墓三彩器中的胡人形象及身负囊橐、肉食、水壶和丝绸的骆驼俑形象，可进一步体现出唐代洛阳与丝绸之路的密切关系。安菩墓志为我们提供了墓主安菩的国属、家世及其身世等情况。结合历史文献对墓葬形制、墓志、墓门门楣纹饰等的分析，则反映了安菩家族的祆教信仰④。

---

① 洛阳市文物工作队：《唐睿宗贵妃豆卢氏墓发掘简报》，《文物》1995年8期。

② 赵振华、朱亮：《重读夏鼐先生鉴定洛阳出土东罗马金币的信》，《洛阳钱币与河洛文明》，科学出版社，2008年。

③ 霍宏伟、程永建：《洛阳岳家村30号唐墓出土波斯萨珊朝银币》，《四川文物》2006年2期。

④ 沈睿文：《重读安菩墓》，《故宫博物院院刊》2009年4期；姜伯勤：《唐安菩墓三彩骆驼所见“盛于皮袋”的祆神——兼论六胡州突厥人与粟特人之祆神崇拜》，《唐研究》第七卷，北京大学出版社，2001年。

安菩墓随葬器物登记表

序号	编号	名称	尺寸（厘米）重量（克）
1	C7M27 ：1	东罗马金币	直径 2.2，重 4.3
2	C7M27 ：2	玛瑙珠	直径 1.1
3	C7M27 ：3	开元通宝铜钱	直径 2.4
4	C7M27 ：4	白瓷唾盂	口径 8、腹径 14、高 13
5	C7M27 ：5	酱红釉小碗	
6	C7M27 ：6	披绿巾黄釉女侍俑	高 24
7	C7M27 ：7	披绿巾黄釉女侍俑	高 24
8	C7M27 ：8	披绿巾黄釉女侍俑	高 24
9	C7M27 ：9	披绿巾黄釉女侍俑	高 24
10	C7M27 ：10	披绿巾黄釉女侍俑	高 24
11	C7M27 ：11	披绿巾黄釉女侍俑	高 24
12	C7M27 ：12	绿釉幞头男立俑	通高 28
13	C7M27 ：13	瑞兽葡萄纹铜镜	直径 11.45
14	C7M27 ：14	黄釉碓	长 15、宽 6、通高 7
15	C7M27 ：15	三彩七星盘	直径 25、高 5
16	C7M27 ：16	三彩双丫髻女立俑	通高 34
17	C7M27 ：17	三彩双丫髻女立俑	高 34
18	C7M27 ：18	白釉幞头男立俑	通高 28.5
19	C7M27 ：19	白瓷细颈瓶	口径 8、腹径 12、底径 7.6、高 23
20	C7M27 ：20	黄釉牛	长 17、通高 13
21	C7M27 ：21	黄釉幞头男侍俑	通高 25
22	C7M27 ：22	黄釉幞头男侍俑	通高 25
23	C7M27 ：23	黄釉幞头男侍俑	通高 25
24	C7M27 ：24	黄釉幞头男侍俑	通高 25
25	C7M27 ：25	半披黄巾黄釉女侍俑	高 24
26	C7M27 ：26	酱红釉小碗	

序号	编号	名称	尺寸（厘米）重量（克）
27	C7M27 ： 27	黄釉狗	长 15、通高 13
28	C7M27 ： 28	三彩鸡	长 17、高 16
29	C7M27 ： 29	白瓷四系罐	口径 10、腹径 24、高 33
30	C7M27 ： 30	白瓷盖罐	口径 9、腹径 23、通高 32
31	C7M27 ： 31	白瓷净瓶	口径 5.5、腹径 12、高 26
32	C7M27 ： 32	半披黄巾黄釉女侍俑	高 24
33	C7M27 ： 33	半披黄巾黄釉女侍俑	高 24
34	C7M27 ： 34	黄釉幞头男侍俑	通高 25
35	C7M27 ： 35	黄釉幞头男侍俑	通高 25
36	C7M27 ： 36	黄釉幞头男侍俑	通高 25
37	C7M27 ： 37	黄釉幞头男侍俑	通高 25
38	C7M27 ： 38	黄釉幞头男侍俑	通高 25
39	C7M27 ： 39	黄釉幞头男侍俑	通高 25
40	C7M27 ： 40	黄釉牛	长 17、通高 13
41	C7M27 ： 41	白瓷烛台	底盘径 25、通高 33
42	C7M27 ： 42	三彩单刀髻女立俑	通高 39
43	C7M27 ： 43	黄釉幞头男侍俑	通高 25
44	C7M27 ： 44	黄釉幞头男侍俑	通高 25
45	C7M27 ： 45	黄釉幞头男侍俑	通高 25
46	C7M27 ： 46	三彩高冠伶俑	通高 40
47	C7M27 ： 47	三彩双髻骑马男俑	长 39、通高 40
48	C7M27 ： 48	三彩双髻骑马男俑	长 39、通高 40
49	C7M27 ： 49	三彩天王俑	通高 113
50	C7M27 ： 50	三彩天王俑	通高 113
51	C7M27 ： 51	三彩武官俑	通高 113
52	C7M27 ： 52	三彩文官俑	通高 112
53	C7M27 ： 53	三彩兽面镇墓兽	通高 104

序号	编号	名称	尺寸（厘米）重量（克）
54	C7M27 ： 54	三彩人面镇墓兽	通高 103
55	C7M27 ： 55	三彩马	长 84、通高 73
56	C7M27 ： 56	三彩马	长 84、通高 75
57	C7M27 ： 57	三彩马	长 82、通高 75
58	C7M27 ： 58	三彩马	长 81、通高 69
59	C7M27 ： 59	三彩骆驼	长 73、通高 89
60	C7M27 ： 60	三彩骆驼	长 65、通高 82
61	C7M27 ： 61	三彩胡人牵引俑	通高 62
62	C7M27 ： 62	三彩胡人牵引俑	通高 62
63	C7M27 ： 63	三彩胡人牵引俑	通高 59
64	C7M27 ： 64	三彩胡人牵引俑	通高 67
65	C7M27 ： 65	三彩幞头牵引俑	通高 63
66	C7M27 ： 66	三彩幞头牵引俑	通高 63
67	C7M27 ： 67	黄釉灶	长 7.5、宽 6、通高 4.5
68	C7M27 ： 68	黄釉灶	长 7.5、宽 6、通高 4.5
69	C7M27 ： 69	三彩幞头骑马男俑	长 39.1、通高 43
70	C7M27 ： 70	三彩骑马胡人俑	长 39、通高 43
71	C7M27 ： 71	三彩高髻骑马女俑	长 38、通高 43
72	C7M27 ： 72	三彩高髻骑马女俑	长 38、通高 43
73	C7M27 ： 73	三彩风帽骑马女俑	长 37、通高 43
74	C7M27 ： 74	三彩风帽骑马女俑	长 37、通高 43
75	C7M27 ： 75	三彩幞头伶俑	通高 37
76	C7M27 ： 76	三彩高冠伶俑	通高 40
77	C7M27 ： 77	黄釉幞头男侍俑	通高 25
78	C7M27 ： 78	三彩高髻女立俑	通高 33
79	C7M27 ： 79	黄釉井栏	长 7、宽 6.5、高 3.5
80	C7M27 ： 80	三彩七星盘	直径 25、高 5

序号	编号	名称	尺寸（厘米）重量（克）
81	C7M27 ： 81	黄釉碓	长 15、宽 6、通高 7
82	C7M27 ： 82	披黄巾黄釉女侍俑	高 24
83	C7M27 ： 83	披黄巾黄釉女侍俑	高 24
84	C7M27 ： 84	披黄巾黄釉女侍俑	高 24
85	C7M27 ： 85	披黄巾黄釉女侍俑	高 24
86	C7M27 ： 86	披绿巾黄釉女侍俑	高 24
87	C7M27 ： 87	半披黄巾黄釉女侍俑	高 24
88	C7M27 ： 88	披黄巾黄釉女侍俑	高 24
89	C7M27 ： 89	半披黄巾黄釉女侍俑	高 24
90	C7M27 ： 90	披短巾黄釉女侍俑	高 24
91	C7M27 ： 91	半披黄巾黄釉女侍俑	高 24
92	C7M27 ： 92	半披黄巾黄釉女侍俑	高 24
93	C7M27 ： 93	披黄巾黄釉女侍俑	高 24
94	C7M27 ： 94	披黄巾黄釉女侍俑	高 24
95	C7M27 ： 95	黄釉马	长 25、通高 20
96	C7M27 ： 96	黄釉马	长 25、通高 20
97	C7M27 ： 97	黄釉马	长 25、通高 20
98	C7M27 ： 98	黄釉马	长 25、通高 20
99	C7M27 ： 99	白釉马	通高 25
100	C7M27 ： 100	黄釉小骆驼	长 22、通高 27
101	C7M27 ： 101	黄釉小骆驼	长 22、通高 27
102	C7M27 ： 102	黄釉小骆驼	长 22、通高 27
103	C7M27 ： 103	黄釉牛	长 17、通高 13
104	C7M27 ： 104	黄釉牛	长 17、通高 13
105	C7M27 ： 105	黄釉牛	长 17、通高 13
106	C7M27 ： 106	黄釉小骆驼	长 22、通高 27
107	C7M27 ： 107	黄釉狗	长 15、通高 13

序号	编号	名称	尺寸（厘米）重量（克）
108	C7M27 ： 108	赭黄釉猪	长 19、通高 13
109	C7M27 ： 109	陶碗	
110	C7M27 ： 110	陶碗	
111	C7M27 ： 111	三彩鸡	长 17、高 16
112	C7M27 ： 112	三彩鸡	长 17、高 16
113	C7M27 ： 113	三彩鸭	长 14、高 13
114	C7M27 ： 114	三彩鸭	长 14、高 13
115	C7M27 ： 115	白釉鹅	长 16、高 15
116	C7M27 ： 116	白釉鹅	长 16、高 15
117	C7M27 ： 117	白釉鹅	高 9
118	C7M27 ： 118	白釉鹅	高 5
119	C7M27 ： 119	酱红釉小碗	
120	C7M27 ： 120	酱红釉小碗	
121	C7M27 ： 121	酱红釉小碗	
122	C7M27 ： 122	黄釉小碗	
123	C7M27 ： 123	白瓷烛台	底盘径 25、通高 33
124	C7M27 ： 124	白瓷盖罐	口径 9、腹径 23、通高 32
125	C7M27 ： 125	白瓷盖罐	口径 9、腹径 23、通高 32
126	C7M27 ： 126	褐斑青瓷罐	口径 13、腹径 25、高 17
127	C7M27 ： 127	褐斑青瓷罐	口径 13、腹径 25、高 17
128	C7M27 ： 128	黄釉磨	直径 10、高 4
129	C7M27 ： 129	开元通宝铜钱	直径 2.4
130	C7M27 ： 130	石墓志（1 合）	边长 45
131	C7M27 ： 131	石门扇	宽 46、高 92
132	C7M27 ： 132	石门扇	宽 46、高 92
133	C7M27 ： 133	石门额	宽 88、高 48、厚 14
134	C7M27 ： 134	石门楣	宽 118、高 15、厚 28

序号	编号	名称	尺寸（厘米）重量（克）
135	C7M27 ： 135	石门坎	宽 122、高 13、厚 14
136	C7M27 ： 136	石门框	宽 18、高 90、厚 14
137	C7M27 ： 137	石门框	宽 18、高 90、厚 14
138	C7M27 ： 138	石门礅	宽 22、高 18、厚 41
139	C7M27 ： 139	石门礅	宽 22、高 18、厚 41
140	C7M27 ： 140	西棺床鼠纹石刻	长 109、宽 33、厚 15
141	C7M27 ： 141	西棺床牛虎纹石刻	长 128、宽 34、厚 15
142	C7M27 ： 142	西棺床兔龙纹石刻	长 113、宽 35、厚 20
143	C7M27 ： 143	西棺床蛇纹石刻	长 107、宽 34、厚 18
144	C7M27 ： 144	东棺床猪纹石刻	长 109、宽 34、厚 20
145	C7M27 ： 145	东棺床狗鸡纹石刻	长 103、宽 36、厚 14
146	C7M27 ： 146	东棺床猴羊纹石刻	长 128、宽 34、厚 16
147	C7M27 ： 147	东棺床马纹石刻	长 103、宽 36、厚 20

附录一

安菩墓志初探

赵振华　朱亮

一

一九八一年四月，在洛阳龙门东山北麓发现一座唐代定远将军安菩夫妇合葬墓。出土文物一百四十余件，其中有石质墓志一合，边长 45 厘米，志盖上楷书“大唐定远将军安君志”九字。志文为行楷，二十二行，满行二十二字，实有 458 字。兹抄录志文如下：

> 唐故陆胡州大首领安君墓志
>
> 君讳菩，字萨。其先安国大首领，破匈奴衙帐，百姓归中国。首领同京官五品，封定远将军，首领如故。曾祖讳钵达干，祖讳系利。君时逢北狄南下，奉敕遄征，一以当千，独扫蜂飞之众。领衙帐部落，献馘西京。不谓石火电辉，风烛难住。粤以麟德元年十一月七日卒于长安金城坊之私第，春秋六十有四。以其年十二月十一日，旋窆于龙首原南平郊，礼也。夫人何氏，其先何大将军之长女，封金山郡太夫人。以长安四年正月廿日寝疾，卒于惠和坊之私第，春秋八十有三。以其年二月一日殡于洛城南敬善寺东，去伊水二里山麓，礼也。孤子金藏，痛贯深慈，膝下难舍；毁不自灭，独守母坟；爱尽生前，敬移殁后；天玄地厚，感动明祇。敕赐孝门，以标今古。嘉祥福甸，瑞草灵原。乡曲荫其风，川涂茂其景。粤以景龙三年九月十四日于长安龙首原南，

启发先灵，以其年十月廿六日于洛州大葬，礼也。嗣子游骑将军胡子、金刚等，坰煦难追，屺岵兴恋。日弥远而可知，月弥深而不见；与一生而长隔，悲复悲而肠断。呜呼哀哉！其词曰：素成大礼，载召幽魂。关山月亮，德洽乾坤。鸿门定远，留滞将军。择日迁卜，阴阳始分。兰芳桂馥，千岁长熏。其一。名由谥显，德以位班。质含月态，镜转神颜。淑慎非亏，丽藻清闲。珠川水媚，玉润灵原。君贤国宝，妻美金山。孝旌闾闬，万代称传。其二。

墓志所提安国，据《隋书·西域传》："安国，汉时安息国（当为据有安息国之地，域）也，王姓昭武氏，与康国王同族。"又《新唐书·西域传》："康者……君姓温，本月支人，始居祁连北昭武城，为突厥（当为匈奴）所破，稍南依葱岭，即有其地，枝庶分王，曰安、曰曹、曰石、曰米、曰何、曰火寻、曰戊地、曰史。世谓九姓，皆氏昭武。""安者，一曰布豁、又曰捕喝、元魏谓忸密者。""昭武九姓"，是南北朝至隋唐时于今中亚阿姆、锡尔两河流域九姓政权的总称。居民主要务农，兼营畜牧业。6世纪后期，隶西突厥。唐灭西突厥，康等昭武九姓国皆内附，为时数十年。公元658年，唐高宗置康居都督府，任康国王为都督。在安国置安息州，任安国王为刺史。安国在今苏联乌兹别克共和国之布哈拉。

墓志主人安菩，史书不载。志文述其"曾祖讳钵达干，祖讳系利"，而失载其父名讳。然志文云："其先安国大首领，破匈奴衙帐，百姓归中国"诸事，指的是安菩之父。安菩当是随其父来归中国的。志文的匈奴系指东突厥。突厥是隋唐时期我国北方最先强盛起来并建立国家的民族，为匈奴之别种。隋文帝开皇三年，突厥正式分裂为东西二部。据《隋书·裴矩传》可知，突厥其内多有群胡。马长寿指出："粟特胡人之在突厥，并不只是个人或一家，而是已成部落和已有财产的集团了。""西域粟特胡人自始至终与始毕、处罗、颉利三汗有不可分离的关系"（马长寿《突厥人和突厥汗国》）。如粟特人康稍利为始毕可汗之特勤。粟特大酋领康苏密为颉利可汗之亲信。而且在颉利可汗时（620～630年），西域胡人的势力在突厥汗国已经发展到很大的规模。公元620年，颉利初立，以次弟为延陀设，主延陀部；步利设主霫部；统特勤主胡部；斛特勤主斛薛部；泥部设主契丹、靺鞨部（见《新唐书·突厥传上》）。由胡人组成的"胡部"而与延陀部等并列，胡人之人多势众可以想见。安菩家族，至迟自其曾祖时已入居突厥，并获突厥官"达干"。唐高祖武德九年

（626年），东突厥颉利、突利二可汗发兵四十万大举进攻中原，唐王朝于贞观三年（629年）派大军分六路出师攻突厥。贞观四年（630年），唐灭东突厥。“突厥既亡，其部落或北附薛延陀，或西奔西域，其降唐者尚十万口”（《资治通鉴》卷一百九十三）。“唐太宗采纳了温彦博的建议，把大部分突厥降人安置在旧夏州、代州之地，分设顺州、北开州、北宁州、北抚州、北安州等地，以突利可汗、阿史那思摩、阿史那苏尼失、史善应、康苏密为都督，分别安辑之。其余部分散处于幽州与灵州间的其他各地。其中史善应和康苏密都是胡人（粟特人）酋领。因此在北抚州和北安州内的，应当有不少的胡人”（马长寿《突厥人和突厥汗国》）。安菩之父或在其中，为依附于东突厥的安国人部落之大首领，于唐王朝灭东突厥时率“衙帐百姓归中国”的。其时突厥“酋长至者，皆拜将军、中郎将，布列朝庭。五品已上百余人，殆与朝士相半，因而入居长安者近万家”（《资治通鉴》卷一百九十三）。据志文，安菩之父所受之官职“首领同京官五品，封定远将军”，与史籍相符，且“首领如故”。安菩父子之来归，或与《唐维州刺史安侯神道碑》所载安附国父子“入朝”之事相似；“侯讳附国，其先出自安息，以国为姓。有隋失驭中原，无何，突厥乘时，籍雄沙漠。……父朏汗……贞观初，率所部五千余入朝。诏置维州。即以朏汗为刺史，拜左武卫将军……”（《全唐文》卷四三五，李致远撰）。向达认为安附国“盖为隶属突厥之安国人，谓为出自安息，则文人之附会耳”（《唐代长安与西域文明》）。贞观十五年（641年），突厥首领阿史那思摩等奉诏，帅所部突厥十多万口、兵四万、马九万匹，从夏、胜二州渡河而北，薛延陀惧突厥重返漠北，常出兵袭击之。贞观十七年（643年），突厥又渡河南下。其中由史善应、康苏密统领之胡部，初从阿史那思摩徙居河北，后亦渡河，移居灵、夏二州之南境，即后来设置六胡州之地。

志文首行之“陆胡州”，即史籍之“六胡州”。六胡州的设置在唐高宗调露元年（679年）。《资治通鉴》卷二百二，玄宗开元九年（721年）条：“兰池州胡康待宾诱诸降户同反。夏，四月，攻陷六胡州。”注云：“高宗调露元年，于灵夏南境以降突厥置鲁州、丽州、含州、塞州、依州、契州，以唐人为刺史，谓之六胡州，长安二年并为匡、长二州，神龙三年置兰池都督府，分六州为县。宋白曰：六胡州在夏州德静县北。”又《旧唐书·地理志》：“永徽元年，废皋兰等三州。调露元年，又置鲁、丽、塞、含、依、契等六州，总为六胡州。开元初废，复置东皋兰、燕然、燕山、鸡田、鸡鹿、烛龙等六州，并寄灵州界，属灵州都督府。”据志文，安菩死于麟德元年（664年），其时尚未置六胡州，而安菩由其子安金藏于景龙三年（709年）由长安迁葬洛阳时，则六胡州已设置三十年了。安菩于何时封为定远将军，墓志未载。然首领之职，则为世袭。因此，安金藏于志文中概述其父为‘陆胡州大首领”。

志文云：“君时逢北狄南下，奉敕遄征，一以当千，独扫蜂飞之众。领衙帐部落，献馘西京。”北狄为当时北方游牧民族之泛称，志文之“北狄”，当指薛延陀。东突厥覆亡，部众归降唐王朝之后，薛延陀雄踞漠北，日益强大，于贞观十五年（641 年）进犯河套，被唐王朝发兵击败。贞观二十年（646 年），薛延陀发生内乱，“诏以江夏王道宗、左卫大将军阿史那社尔为瀚海安抚大使；又遣右领卫大将军执失思力将突厥兵，右骁卫大将军契苾何力将凉州及胡兵，代州都督薛万彻、营州都督张俭各将所部兵，分道并进，以击薛延陀”（《资治通鉴》卷一百九十八）。安菩奉敕参与破灭薛延陀的战争并取得胜利，“领衙帐部落，献馘西京”是完全可能的。

二

安菩墓志提到安菩夫人何氏及其子安金藏。新旧《唐书》均有安金藏传，叙其为京兆长安人，初为太常工人。载初年，则天称制，有人诬告皇嗣（睿宗）“潜有异谋”，安金藏引佩刀自剖其腹，以明皇嗣不反。则天闻之大惊，遣医人救治，并监视之。睿宗由是免难。景云中累迁右武卫中郎将。玄宗即位，擢右骁卫将军，爵代国公，竟以寿终。安金藏“神龙初丧母，寓葬于南阙口之北，庐于墓侧，躬造石坟石塔，昼夜不息。本道使卢怀慎上闻，敕旌表其门。”据志文，何氏死于长安四年（704 年）正月廿日。安金藏于此年二月将其母“殡于洛城南敬善寺东，去伊水二里山麓。”五年后，于景龙三年（709 年）自长安启发其父先灵，于洛州大葬。安菩夫妇墓位于今洛阳市南郊龙门（伊阙）东山北麓，距今伊河西岸二里，唐太宗时所凿石窟西山敬善寺即在其西南 2.5 里处，这与志文记载吻合，亦即传文“南阙口之北”。由于历时久远，地面上已无任何遗存，但墓中雕刻精美的石门、棺床石边，当即传文的“石坟”。志文“敕赐孝门，以标今古”与传文“敕旌表其门”亦同。据传文，安金藏营母坟时“原上旧无水，忽有涌泉自出，又有李树盛冬开花，犬鹿相押。”而志文载其葬母时为二月，亦正值冬季。此或与志文“天玄地厚，感动明祇”有关。而两唐书列传中记安金藏于神龙初（705 年）丧母，比志文所记晚一年，当为记叙之误，应据志文正之。

关于两唐书中安金藏的国籍，日本桑原骘藏曾作推测："大致安姓殆可视为西域胡人或其后裔，如南宋郑樵《通志·氏族略二》亦如是主张。职是之故，安金藏与其视为中国，宁视为安国出身者。彼之籍贯，虽作京兆长安人，然印度出身者之骨仪《隋书》亦载为京兆长安人。又前已介绍之李抱玉一家，嗣后亦移籍于京兆长安，有上引之诸例，是故安金藏号作长安，然不因是而抹消彼或其祖先之为安国出身者"（《隋唐时代来往中国之西域人》）。安菩墓志证实了桑原氏的推论，安金藏确系安国人。

安金藏之母，安菩夫人何氏，当是昭武九姓之何国人。向达谓："凡西域人入中国，以石、曹、米、史、何、康、安、穆为氏者，大率俱昭武九姓之苗裔也"（《唐代长安与西域文明》）。据志文卒年推算，安菩比何氏大二十一岁。同为昭武九姓胡，彼此通婚是很正常的。唐高宗后期，常率百官就粮于东都。武则天称帝期间，更常住洛阳。安金藏当是于安菩死后，作为太常寺之乐工，携母随皇室由长安移居洛阳的。

据《唐六典》所记唐代十部乐：一曰燕乐伎、二曰清乐伎、三曰西凉伎、四曰天竺伎、五曰高丽伎、六曰龟兹伎、七曰安国伎、八曰疏勒伎、九曰高昌伎、十曰康国伎。安国伎为其中的一部。安金藏"初为太常工人"当与其家族为西域胡人，精于舞乐不无关系。向达谓："唐代乐府伶工遂多隶籍外国之世家"（《唐代长安与西域文明》）。专管王朝之祭祀、礼乐诸事之太常寺的乐工当亦然。

安菩墓志详细记述了他的名讳和籍贯。岑仲勉在《西突厥史料补阙及考证》中，列举了不少昭武九姓人，各史书均只写名，个别写字，未有兼而有之者，认为"外人根本无'名'、'字'之分……"。但安菩墓志明确地写着："君讳菩，字萨。"据向达《唐代长安与西域文明》中所引出土的唐代西域人墓志，多有名有字，此足资证明"外人"有名字之分。且据安菩及子金藏、嗣子金刚等名字来看，安氏一家依照唐时信佛人之习惯，起了与佛教有关的名字。

（原载《中原文物》1982 年第 3 期）

附录二

重读夏鼐先生鉴定洛阳出土东罗马金币的信

赵振华　朱亮

近来整理书房，在一沓信札中看到一封用毛笔书写的信封，抽出信纸，细读一遍，于是回想起20多年前发掘唐墓时出土东罗马金币的情形和请夏鼐先生鉴定的经过。

1981年4月，位于洛阳龙门东山北麓的龙门煤矿因地下蕴煤掘尽而转产，拟利用优质地下水资源改为洛阳龙门啤酒厂。建厂初期裁山平场，爆破施工，点放排炮。其中一炮声音闷哑，工人预感问题，扒土探视，一批唐三彩砸倒于地，这炮炸塌了一座土洞墓。工厂保卫干部当即收集部分文物妥为存放，保护现场，同时电话报告市文物工作队。文物队即派赵振华前往调查发掘，清理出唐三彩、白瓷、钱币等随葬品129件和一批石刻。数日后文物全部运回，进一步整理修复。蒋若是等考古学者认为这是新中国成立以来洛阳发现的随葬文物最为丰富的一座唐墓。墓志记载墓主安菩为西域安国人，唐朝廷定远将军、六胡州大首领，葬于景龙三年（709年），其子安金藏两唐书有传。因墓主人身份特别，有绝对纪年而益显重要。为及早向学术界公布材料，文物队让我们共同整理，撰写简报。随葬品中有一枚圆形金币，两面有人物和外文字母，是洛阳出土的第一枚外国金币，前所未见。在研读了夏鼐先生研究外国钱币的有关论著后，知道这可能是一枚东罗马金币而不晓其详，就萌生了请夏所长鉴定的想法。于是，给夏所长写信，汇报墓葬发掘情况、金币发现经过，恳请鉴定。由于与先生素昧平生，就去中国科学院考古研究所洛阳工作站找熟识的高天麟先生，请他返京时将信和有关资料顺便带上，面交夏所长，以示诚意。

次年初，高先生返京述职。他在 1982 年 1 月 6 日给我们写信说：“两位托我捎给夏所长的金币照片和拓片以及书信，我于到北京的第二天就交给了夏所长。夏所长对您们的请求非常重视，在听完一天的全所工作汇报之余，给您们查资料并立即回了信。今天傍晚他对我说，他已给您们写了回信，我才知道上述情况。”没想到夏所长如此认真，炽热的话语使人铭感五内，同时收到了夏所长的亲笔信。夏先生于百忙中抽暇鉴定，解释外国古代钱币之谜。他说这是一枚东罗马皇帝福克斯的铸币，其铸造年代为公元 602 ~ 610 年。为了便于我们理解，在信上随手绘出圆形金币正面的人像与文字，背面的十字架图案与文字，打箭头写说明。引用外国钱谱，注明先后版本页码，严谨而精确。并指示我们撰写简报，公布材料。后来我们撰文发表于《中原文物》1982 年第 3 期，新资料引起学术界的关注，引发了一批研究文章。

时隔 20 多年后公布这封学术信件，我们从中看到老一辈学者学识渊博、治学严谨和事不隔夜当天做好的朴实学风。同时也看到了夏所长为保护国家的文化遗产，长期和各种破坏文物的错误言行作坚决斗争的精神。正由于此，才使我国的文物保护工作取得显著成效。现代中国考古学的奠基人之一、尊敬的夏鼐先生（1910 ~ 1985）辞世 21 周年了。捧信思人，铭记教诲，激励我们为文物考古事业奋发工作。

附：夏鼐先生的亲笔信：

中国社会科学院考古研究所

振华、朱亮同志：

我所高天林同志由洛阳返京，携来1月30日大札及所附拓片及照片共4张，均已收到，谢谢！

这枚金币，是东罗马皇帝福克斯（Focas）的铸像，年代是公元602至610年。正面半身像侧仍可以看到他的拉丁文名字，背面为有翅膀的胜利女神像，侧有VICTORIA（胜利神）的拉丁字。查钱谱，确定这金币的全部（J. Sabatier: Monnaies Byzantines，1862年初版，1955年重印版，252页）。

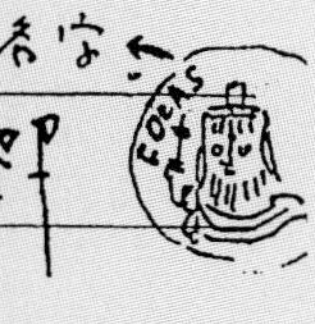

这座墓葬很重要，可惜为基建部门施工时所炸毁。但仍希望您们能从之所得，努力把简报写出来。写好后，能否寄给我所的《考古》上发表？

关于基建部门在洛阳炸毁古墓事，已引起各方的注意。人大及政协开会有关于这事的提案，要求禁止这类事件再行发生。你们如发现仍有破坏古迹古墓情况，请随时反映到中央来，以便要求采取必要的措施。

此复，顺致

敬礼！

夏鼐

1982年1月16日

地址：北京王府井街27号　　电话：五五局三五九八号

（原载《洛阳钱币与河洛文明》，科学出版社，2008年，第379、380页）

后记

1981 年 4 月发掘的唐定远将军安菩墓，引起多方高度关注。为洛阳与日本冈山结为友好城市而举办的“古都洛阳秘宝展”即选中多件安菩墓出土文物，其中以三彩器居多。其后，安菩墓出土的三彩器先后参加美国“天子展”、新加坡“唐代文明展”、日本“大三彩展”以及欧洲、澳大利亚等地举办的中国古代文物展。许多专家学者，特别是关注中外文物交流和丝绸之路研究的专家学者，更是从不同方面对该墓进行了专题研究。葛承雍先生一直关注安菩墓的研究情况，表示应重新整理墓葬材料。

安菩墓材料的重新整理，得到了洛阳市文物考古研究院院长史家珍的大力支持。图书室王玲珍、孙蓓，资料室户晓霞等同志为查找相关材料提供了诸多帮助。绘图由胡瑞、高向楠、李国徽、尚晓丽完成。摄影由周立、高虎、程永建完成。

程永建　周立

2016 年 5 月于洛阳